FEUERWEHREXPERIMENTE.DE

Feuerwehrexperimente.de

Band 1

Das Verbrennungsdreieck

Impressum

Bibliografische Information der Deutschen Nationalbibliothek:
Die Deutsche Nationalbibliothek verzeichnet diese Publikation in der Deutschen Nationalbibliografie; detaillierte bibliografische Daten sind im Internet über http://dnb.dnb.de abrufbar.

© 2021 Volkmar, Horn, Mark

Lektorat: Dr. Erwin Mark
Korrektorat: Guido Volkmar, Ingo Horn

Herstellung und Verlag: BoD – Books on Demand, Norderstedt

ISBN: 978-3-7557-3495-6

Vorwort und Erläuterungen

Hallo und herzlich Willkommen in der Welt des Verbrennungsdreiecks.

Für wen und wofür ist das Buch?

In erster Linie soll die Buchreihe, deren erstes Buch Ihr gerade in den Händen haltet, dazu dienen, Kindern und Jugendlichen Themen rund um das Thema „Feuerwehr" im wahrsten Sinne des Wortes begreifbar zu machen. Und natürlich gilt der Grundsatz: „Was für Kinder und Jugendliche gut verständlich ist, ist für Erwachsene auch gut." 😊

Dieses Buch und auch hoffentlich seine Nachfolger zeigen, wie man mittels kleiner Experimente – die zu einem großen Teil auch als echte Mitmach - Experimente ausgelegt sind – Fachthemen spielerisch erlernbar macht.

Das Buch soll als Anleitung dienen, eine ca. 90-minütige Veranstaltung mit Versuchen und Erklärungen rund um das Thema Brennen durchzuführen. Die Versuche sind didaktisch aufeinander aufgebaut und können nach Ansicht der Autoren (und der Versuchspersonen, die für die Testveranstaltungen herhalten durften) genau in dieser Form für das angedachte Lernziel „Feuer kennenlernen" angewendet werden.

In den Versuchsbeschreibungen werden gezielt die Versuchsteilnehmer angesprochen, so dass diese bei Bedarf auch den Teilnehmenden direkt vorgelegt werden können.

Manche Zusammenhänge werden dabei vereinfacht dargestellt. Für vollständige naturwissenschaftliche Grundlagen verweisen wir auf die einschlägige Fachliteratur zum Thema Brennen & Löschen bzw. Chemie und Physik.

8

Ein dickes Dankeschön

Ein dickes Dankeschön geht an unsere Foto-Models Emma, Nils, Lukas und Benjamin, die mit viel Geduld und Spaß die Versuche x mal wiederholt haben, bis sie ordentlich im Kasten waren. In dem Zusammenhang danken wir natürlich auch Biene, die bei der Durchführung der Shootings tatkräftig unterstützt hat.

Danke auch an Jasmin, die unsere liebevoll gestalteten kleinen Buchbegleiter gezeichnet und uns zur Verfügung gestellt hat.

Kein Buch kommt ohne Korrekturleser aus. Vielen Dank Heike, Gabie, Volker, Heinz und Christoff für die Zeit, die Ihr hierfür investiert habt!

Außerdem haben unsere Familien, die den einen oder anderen Abend auf uns verzichten mussten, natürlich ein dickes Dankeschön verdient.

Wer sind die Autoren?

Dipl. Ing. (FH) Guido Volkmar

Ist bei der Feuerwehr, hat Chemie studiert, kann Feuer und Chemie erklären und Menschen begeistern.

Dr. Erwin Mark

Ist bei der Feuerwehr, hat Chemie studiert, kann Chemie und Feuer erklären und Menschen begeistern.

Dip. Ing. (FH) Ingo Horn

Ist bei der Feuerwehr, hat Elektrotechnik studiert, kann Feuer und Physik erklären und Menschen begeistern.

Wie kam es zu diesem Buch?

Naja – wir haben Kinderfeuerwehrübungen mit Experimenten online gemacht, einer hatte eine spontane Idee, zwei andere waren begeistert: der Rest der Geschichte liegt vor Euch.

Disclaimer und Haftungsausschluss

Aufgepasst! Feuer ist gefährlich, weshalb es zu jedem Experiment eine kleine Gefährdungsbeurteilung gibt, die tunlichst zu beachten ist!

Wir sind der Meinung, dass bei Beachtung der angeführten Hinweise, sowie ein wenig gesundem Menschenverstand die Durchführung aller Versuche in der jeweils aufgeführten Zielgruppe gut durchführbar ist.

Grundsätzlich gilt, dass die Durchführung der Experimente auf eigene Gefahr erfolgt. Die Autoren übernehmen keine Haftung für eventuelle Schäden, die - aus welchem Grund auch immer - entstehen.

Hygienehinweise

Selbstverständlich darf während der Experimente nicht am Experimentierplatz gegessen und getrunken werden. Auch regelmäßiges Händewaschen bei Kontakt mit den verwendeten Haushaltschemikalien ist sinnvoll.

Dürfen Feuerzeuge oder Streichhölzer an Kinder verteilt werden?[1]

Laut dem Bundesverband des Tabakwaren-Einzelhandels ist z. B. in Bayern der Verkauf von Feuerzeugen oder Streichhölzern an Kinder unter 12 Jahren verboten.

Das ist der Grund, weshalb bei allen Versuchen unbedingt zwingend ein Erwachsener mit dabei sein muss!! Sicher ist und bleibt halt: Sicher!!

---

[1] Quelle: https://www.feuerzeugguide.de/ab-wann-feuerzeuge-kaufen/

10

Allgemeine Sicherheitshinweise im Umgang mit Feuer

Das Material liegt parat? Die Streichhölzer hast Du auch? Also kann es losgehen!

Wobei – STOP! So fangen wir nicht an!

Bevor Du startest, achte auf Deine Sicherheit!

- Achte darauf, dass in Deinem Experimentierbereich keine brennbaren Materialien liegen, die nicht zu den Versuchen gehören.
- Trage geeignete Kleidung (nicht leicht entflammbar. Im Zweifel frage Deine Eltern).

- Achte auf einen engen Sitz Deiner Kleidung.

- Binde bei langen Haaren Deine Haare zusammen oder trage eine geeignete Mütze.

Jetzt kannst Du starten!

Inhalt dieses Buches

Vereinfacht gesagt: Wir bewegen uns mit Euch gemeinsam von der einfachen Kerze bis hin zur Staubexplosion einmal experimentell durch die faszinierende Welt des Verbrennungsdreiecks.

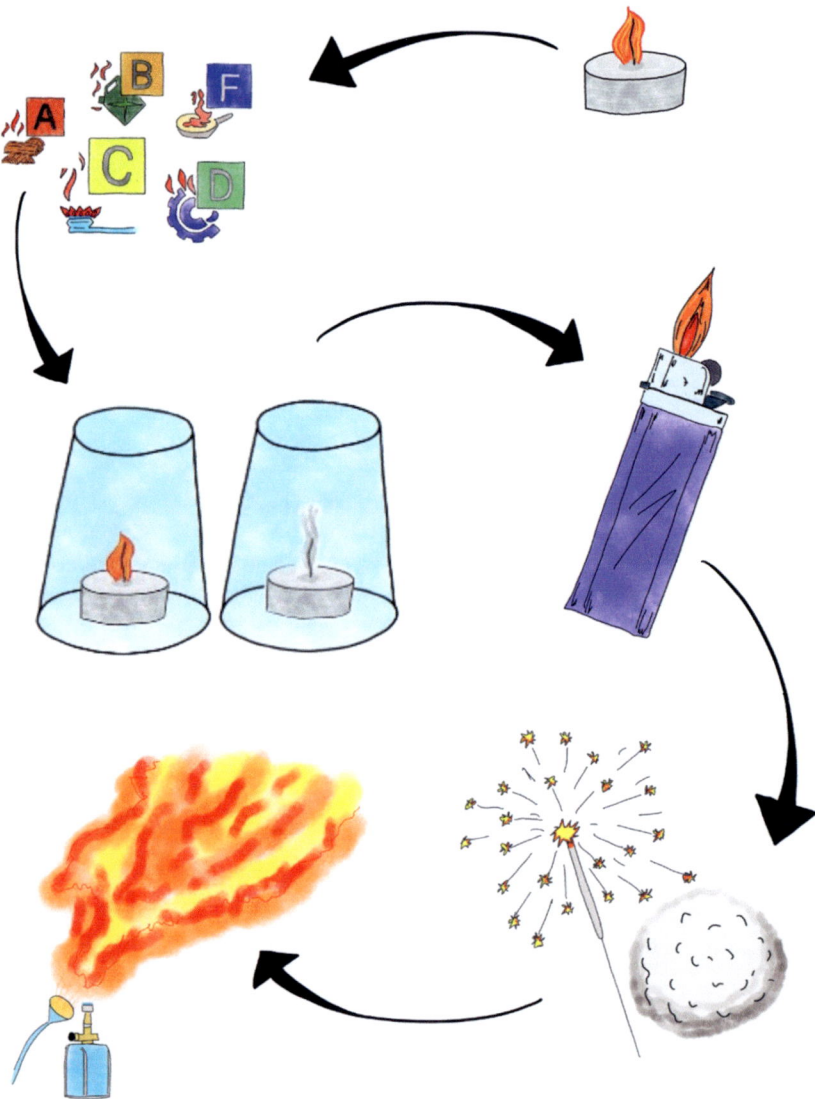

Feuer kennenlernen

1.1	Einführung in den Umgang mit Feuer und die Frage „Was ist für uns eine Verbrennung?"		
	Für Kinder unter Aufsicht von Erwachsenen	Mitmachversuch	Kann zu Hause durchgeführt werden

Sicherer Umgang mit Sicherheitszündhölzern, sowohl beim Anzündvorgang als auch beim Ablöschen und Entsorgen.

Erfahrung von Wärme und Hitze.

Diese Alltagssituation dient als Einstieg in das komplexe Verbrennungsdreieck.

Nummer	Sicherheitshinweis
1	Siehe „Allgemeine Sicherheitshinweise im Umgang mit Feuer" Seite 11

Material
Ein Teelicht
Eine Packung Sicherheitszündhölzer
Ein Wattestäbchen
Ein feuerfester Abwurfbehälter (Leere Konservendose, Metallschüssel, Keramikschüssel o.Ä.)

13

Was ist eine Verbrennung?

Was wird gemacht?

Entzünde ein Teelicht mit einem Streichholz. Halte Dich dafür Schritt für Schritt an die Anleitung unten.

Was wird passieren?

Wenn das Streichholz an den Docht gehalten wird, wird es einen Moment dauern, und dann wird sich das Teelicht entzünden.

Es wird leuchten und Wärme ausstrahlen.

Aber jetzt erst einmal ein Schritt nach dem anderen:

Entzünde das Streichholz und lösche es durch Auspusten.

 Entzünde das Streichholz immer vom Körper weg!

 Schüttele das Streichholz nicht aus, sondern puste es vorsichtig aus!

Achte immer auf das Streichholz und lass Dich nicht ablenken. Nimm bei Deinen ersten Versuchen einen Erwachsenen zu Hilfe.

Wiederhole diese Aufgabe, bis Du den Umgang mit dem Streichholz sicher beherrschst.

14

Halte nun das brennende Streichholz an den Docht des Teelichts und entzünde das Teelicht damit. Achte darauf, das Streichholz einigermaßen gerade zu halten. Geh lieber ein wenig in die Hocke, statt das Streichholz stark nach unten geneigt zu halten.
Puste das Streichholz anschließend vorsichtig aus und lege es in Deinen Abwurfbehälter.

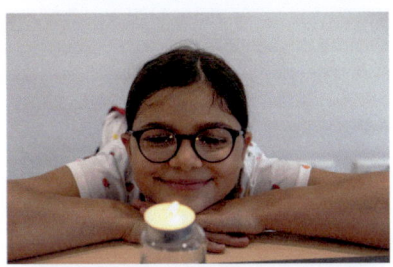

Beobachte nun die Flamme.
Was fällt Dir an dem Teelicht auf? Siehst Du, wie das Wachs rund um den Docht flüssig wird?

Welche Farben hat die Kerzenflamme?

Nähere nun Deine Hand vorsichtig der Flamme. Spürst Du, wie die Temperatur zunimmt, je näher Du der Flamme kommst? Wenn die Wärme unangenehm wird, nimm die Hand wieder weg.

Nimm ein Wattestäbchen und führe es langsam an die Flamme heran. Achte darauf, dass es sich nicht entzündet.
Beobachte, wie die Watte des Wattestäbchens durch die Hitze der Kerze zerstört wird.
Werde Dir bewusst, dass Feuer gefährlich sein kann, wenn man unvorsichtig damit umgeht.

15

Achte beim Auspusten des Teelichts darauf, dass Du in die Flamme pustest, und nicht in die Kerze. Denn sonst kann das heiße Wachs herumspritzen.
Puste immer in eine Richtung, in der keine Personen oder brennbaren Gegenstände stehen.

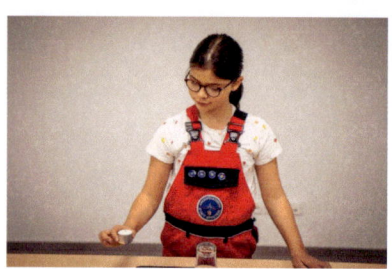

Beobachte das Teelicht. Hat es aufgehört zu rauchen? Ist das Wachs wieder fest? Wenn ja – prima – dann können wir das Teelicht jetzt bei Seite stellen. Es ist wieder sicher.

Was ist passiert?

Wenn das brennende Streichholz an den Docht gehalten wird, verflüssigt sich das im Docht befindliche Wachs durch die Wärme. Das Wachs hat seinen Aggregatzustand von fest zu flüssig verändert, es ist geschmolzen. Danach wird es so weit weiter erhitzt, bis es verdampft. Dies ist der zweite Wechsel des Aggregatzustandes (falls der Begriff Dir nichts sagt: Schaue einfach in die Begriffserläuterungen auf Seite 86) - hier von flüssig hin zu gasförmig. Der Dampf lässt sich dann entzünden und das Teelicht brennt.

Der Verbrennungsvorgang ist eine chemische Reaktion des brennbaren Stoffes (in diesem Fall des verdampften Wachses) mit Sauerstoff. Bei dieser Reaktion entstehen Wärme und Licht.

Das eigentlich einfache Entzünden einer Kerze ist ein komplizierter naturwissenschaftlicher Vorgang. Er verbindet eine Unmenge an Zusammenhängen miteinander. Hier tauchen wir gemeinsam tiefer ein.

16

Das Verbrennungsdreieck – Unser ständiger Begleiter

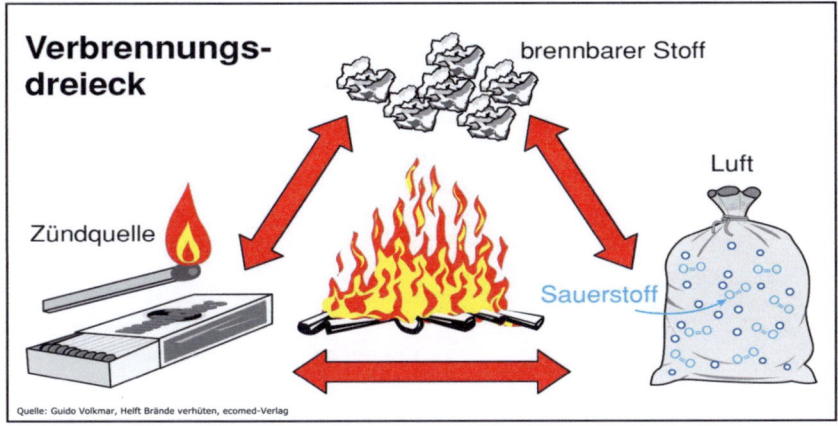

Quelle: Guido Volkmar, Helft Brände verhüten, ecomed-Verlag

Ein Feuer – das ist ein komplexer chemischer Vorgang, den wir uns gemeinsam mit Dir anschauen wollen.

Keine Angst! Es wird in den folgenden Experimenten kein langweiliger Chemieunterricht stattfinden.

Im Gegenteil: wir werden Dir zeigen, wie man diese Vorgänge voller Spannung beobachten und verstehen kann!

Das Verbrennungsdreieck ist hierbei die Grundlage allen Wissens rund um das Thema „Brennen und Löschen" bei der Feuerwehr. Anhand dieses einfachen Modells lassen sich alle Vorgänge der Brand- und Löschlehre erläutern.

In diesem Buch konzentrieren wir uns auf die einfachen Erkenntnisse aus dem Verbrennungsdreieck.

Die grundsätzliche Aussage zum Verbrennungsdreieck ist: Damit es zu einem Brand kommt, müssen brennbarer Stoff und Sauerstoff im richtigen Mengenverhältnis mit einer Wärme-/ Zündquelle zur gleichen Zeit vorhanden sein.

Fehlt eine der Komponenten, oder stimmt das Verhältnis nicht, wird der Brandverlauf unterbrochen (also das Feuer erlischt), oder kommt erst gar nicht in Gang.

Und dass das tatsächlich so ist, wollen wir mit Dir in den folgenden Experimenten nachweisen, indem wir jede Ecke des Verbrennungsdreiecks einzeln betrachten.

Was kann alles brennen?

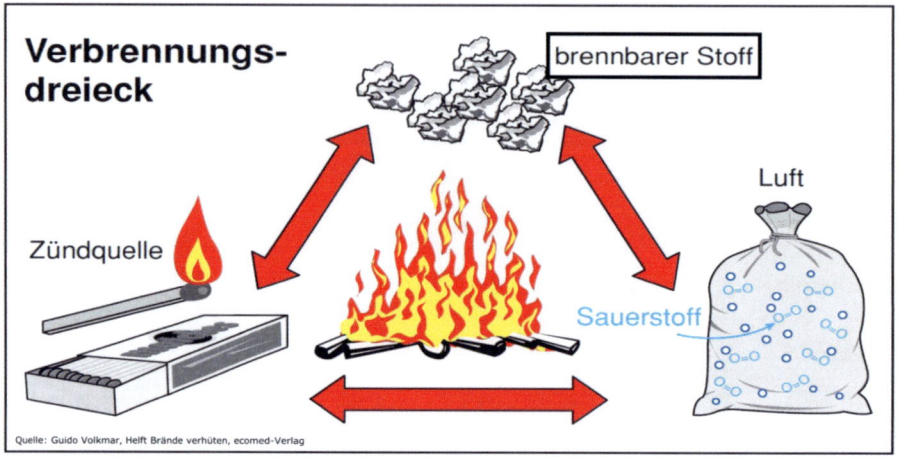

Verbrennungs-dreieck

brennbarer Stoff

Luft

Zündquelle

Sauerstoff

Quelle: Guido Volkmar, Helft Brände verhüten, ecomed-Verlag

Im direkten Zusammenhang mit dem brennbaren Stoff stehen auch die sogenannten Brandklassen. Es liegt also nahe, sich bei der Betrachtung des Punktes „brennbarer Stoff" auch gleich der Klassifizierung zu widmen.

Angeberwissen:

Bei den Brandklassen A bis C und F (keine Angst – die Buchstaben werden gleich erklärt) brennen in der Regel nur Gase und Dämpfe. Das lässt sich gut an der Flamme beobachten – diese „schwebt" leicht über dem brennbaren Stoff.

Der brennbare Stoff besteht aus Kohlenwasserstoffen und deren Verbindungen, die sich mit steigenden Temperaturen zersetzen. Die Zersetzungsprodukte treten als Gas aus, dieses wird als Ausgasen bezeichnet.

Am Ende entsteht aus den Kohlenwasserstoffen bei der Verbrennung neben Kohlendioxid auch – tatatataa – Wasser(dampf).

18

1.2	Was kann alles brennen? Versuchsreihe 1		
	Für Kinder und Jugendliche unter Aufsicht von Erwachsenen	Mitmachversuch	Kann weitgehend zu Hause durchgeführt werden.

Kennenlernen brennbarer Stoffe in ihren verschiedenen Formen. Vorbereitung für das Kennenlernen von Brandklassen.

Nummer	Sicherheitshinweis
1	Siehe „Allgemeine Sicherheitshinweise im Umgang mit Feuer" Seite 11
2	Die Gefäße, in denen die Stoffe verbrannt werden, werden sehr heiß! NICHT mit bloßen Händen ANFASSEN!

Material
Eine feuerfeste Unterlage wie zum Beispiel ein Backblech
Ein großes Holzbrett
Ein hitzebeständiges dickwandiges kleines Glas (z.B. ein Schnapsglas)
Ein Stabfeuerzeug
Ein Teelicht und eine normale Kerze
Ein Stück Holz, ca. 20cm lang, 3-5mm Kantenlänge Alternativ ein Holzspieß
Hochprozentiger Alkohol / Brennspiritus
Feuerzeugbenzin
Eine Wunderkerze
Feine Stahlwolle
Ein Glas mit trockenem Sand
Ein Abwurfbehälter (leere Konservendose, Metallschüssel, Keramikschüssel o.Ä.)

Versuche zur Brandklasse A – glutbildende Stoffe

Wie verhält sich Holz bei der Verbrennung?

Was wird gemacht?

Halte das Stück Holz nah an die Flamme Deines Stabfeuerzeugs. Alternativ kannst Du auch vorher ein Teelicht entzünden und das Stück Holz an dessen Flamme halten.

Beobachte, was geschieht, Merke Dir die aufgetretenen Farben und Formen.

Was wird passieren?

Das Holz wird beginnen, sich dunkel zu verfärben. Irgendwann wird sich eine Flamme bilden und das Holz selbstständig weiter brennen. Bei der Verbrennung kannst Du unter der Flamme eine kleine Glut erkennen.

Was ist passiert?

Vereinfacht gesagt: Du hast dem Stück Holz genug Wärme zugefügt, um es zu entflammen. Damit das Holz anfangen kann zu brennen, muss es eine Weile mit Wärme beaufschlagt werden. Dabei verändert es sich farblich.

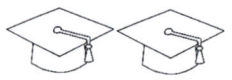

Wenn wir etwas tiefer einsteigen: Beim Annähern des Holzes an die Flamme beginnt das Holz auszugasen. Die Bestandteile des Holzes beginnen sich durch die Hitze zu zersetzen. Dabei entstehen brennbare Gase, die aus dem Holz herausströmen und an die Umgebung abgegeben werden. Am Holz selbst bleibt in diesem Augenblick reiner Kohlenstoff zurück – das Holz wird schwarz. Dieser Vorgang nennt sich Pyrolyse (die Erklärung findest Du auf Seite 87).

Sind genug brennbare Gase entwichen und ist es heiß genug, entflammen diese und sind in der Lage, das Holz selbstständig so warm zu halten, dass es sich immer weiter zersetzt. So lange, bis nur ein schwarzes Stück Kohle übrigbleibt.

20

Versuche zur Brandklasse B – Flüssige und flüssig werdende Stoffe

Wie brennen Flüssigkeiten? Ein erster Versuch mit Alkohol

Bei diesem Versuch ist auf eine sichere Umgebung zu achten. Kinder sollen diesen Versuch nicht zu Hause durchführen, sondern von einem Erwachsenen z.B. in einem entsprechenden Lehrraum oder im Freien vorgeführt bekommen.

Jugendliche ab 16 Jahren können den Versuch unter Aufsicht eines Erwachsenen in einem entsprechenden Lehrraum oder im Freien selbst durchführen.

Was wird gemacht?

Gib in Dein Glas einen halben Teelöffel hochprozentigen Alkohol. Der Alkohol kann aus einem Desinfektionsmittel oder vom Fondue von Weihnachten stammen.

Entzünde dann den Alkohol mit dem ausgestreckten Arm vorsichtig mit einem Stabfeuerzeug.

Das Gefäß wird durch die Verbrennung sehr heiß!

NICHT sofort mit bloßen Fingern ANFASSEN!

21

Was wird passieren?

Im Gegensatz zur Kerze aus unserem Versuch „Feuer kennenlernen" wird sich der Alkohol direkt entzünden. Er brennt mit einer hellen, fast durchsichtigen, manchmal bläulichen Flamme.

Solltest Du die Flamme nur schlecht sehen können, halte einen Holzspieß quer über die Flamme. Der Holzspieß wird dann von der Alkoholflamme entzündet und alle können sehen, dass der Alkohol brennt.

Was ist passiert?

 Im Gegensatz zur Kerze, die ja aus flüssig werdendem Brennstoff besteht, kann der Alkohol als Flüssigkeit direkt entzündet werden. Außerdem lässt sich die Flüssigkeit entzünden, ohne dass wir einen Docht benötigen.
Die Flamme brennt über der Flüssigkeit, die Flüssigkeit selbst brennt nicht.

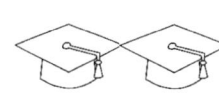 Wenn wir wieder etwas tiefer einsteigen, erklärt sich das so:
Der erste Aggregatzustandswechsel von fest nach flüssig fällt weg.
Somit kann es bei Alkohol direkt mit der Zustandsänderung von flüssig nach gasförmig starten. Dafür reicht die Raumtemperatur schon aus.
Die über der Flüssigkeit stehende Dampfschicht kann unmittelbar gezündet werden. Die Flamme bleibt bestehen, solange der Brennstoff vorhanden ist.

22

Brennen alle Flüssigkeiten gleich? Der Vergleich mit Benzin

 Bei diesem Versuch ist auf eine sichere Umgebung zu achten. Kinder sollen diesen Versuch nicht zu Hause durchführen, sondern von einem Erwachsenen z.B. in einem entsprechenden Lehrraum oder im Freien vorgeführt bekommen.

Jugendliche ab 16 Jahren können den Versuch unter Aufsicht eines Erwachsenen in einem entsprechenden Lehrraum oder im Freien selbst durchführen.

Was wird gemacht?

Gib in Dein Glas nun einen halbe Teelöffel Feuerzeugbenzin.

Dann wird das Feuerzeugbenzin mit dem ausgestreckten Arm vorsichtig mit einem Stabfeuerzeug entzündet.

 Das Gefäß wird durch die Verbrennung sehr heiß!

NICHT sofort mit bloßen Fingern ANFASSEN!

Was wird passieren?

 Wie schon bei Alkohol, wird es direkt zu einer Zündung kommen. Die Flamme wird sehr gut zu sehen sein und der der Kerze ähneln. Sie ist im Gegensatz zur Kerze allerdings viel größer und wärmer. Außerdem kann es zu Rußbildung kommen. Aus diesem Grund solltest Du nach kurzer Zeit die Flamme durch Abdecken des Glases oder Deiner feuerfesten Unterlage mit einem Deckel sicher ersticken.

23

Was ist passiert?

Wie bei Alkohol, bildet die Flüssigkeit schon bei Raumtemperatur ausreichend Dampf, um gezündet werden zu können.

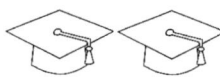

Die leuchtende Farbe der Flamme kommt vom hohen Kohlenstoffanteil des Feuerzeugbenzins.

Deshalb sind sich die Farben der Kerzenflamme und des brennenden Benzins auch so ähnlich. Beide bestehen chemisch gesehen aus langen Ketten (Was mit „Ketten" gemeint ist, findest Du auf Seite 87 im Kapitel „Struktureller Aufbau von Kohlenwasserstoffen").
Diese setzen während der Verbrennung auch Kohlenstoff frei, der dann verglüht. Deshalb wird die Flammenfarbe gelblich-rot.

Sind flüssige Stoffe vor der Verbrennung immer flüssig?

Was wird gemacht?

Wir entzünden einmal mehr eine Kerze in Form eines Teelichts mit einem Streichholz oder Feuerzeug. Das wird nicht das letzte Mal sein.

Was wird passieren?

Im ersten Moment wird noch nichts passieren. Erst nach einer kurzen Zeit wird das Wachs am Docht schmelzen und dann wird die Kerze anfangen zu brennen.

Was ist passiert?

Wie wir schon vorher beobachtet haben, handelt es sich bei dem Wachs der Kerze um einen flüssig werdenden Stoff. Das kennen wir schon von den Kerzen. Dieses flüssige Wachs wird im Docht hochgesaugt und kann dann hier durch die Zündflamme (Streichholz oder Feuerzeug) entzündet werden. Dabei verbrennt tatsächlich auch nicht das flüssige Wachs, denn das flüssige Wachs wird aufgrund der Temperatur erst noch verdampft. Im Endeffekt brennt der Wachsdampf, der vom Docht abgegeben wird.

Welche Erkenntnis nimmst Du mit?

Es handelt sich beim Anzünden einer Kerze um einen sehr umfangreichen chemisch-physikalischen Prozess, den wir beim Anzünden meistens gar nicht so zur Kenntnis nehmen.

In der Kerze sind also alle drei Erscheinungsformen der Materie enthalten, die man auch Aggregatzustände - fest, flüssig, gasförmig - nennt. Alles in einem Teelicht! Hättest Du das vorher gewusst?

Gibt es brennbare Flüssigkeiten, wo wir sie gar nicht vermuten?

Was wird gemacht?

Zünde eine Kerze oder Teelicht mit einem Streichholz oder Feuerzeug an. Was hierbei passiert kennen wir schon.

Dann nimm die Schale einer zuvor ausgepressten Apfelsine (Mandarinen gehen leider nicht, da die Schale meistens zu trocken ist!) Klappe sie zusammen, so dass die Außenseite der Schale außen ist (eigentlich klar, oder?). Den Saft der Apfelsine trinke einfach.

Anschließend ziele in Richtung Kerze und presse die Schale ganz fest zusammen.

Bei diesem Versuch kann es sein, dass Dir die Kraft zum Zusammendrücken der Schale fehlt.

Lasse Dich in diesem Fall von größeren Geschwistern oder Deinen Eltern unterstützen.

Was wird passieren?

Beim Zusammenpressen werden einige Spritzer Flüssigkeit aus der Schale spritzen. Wenn diese Spritzer auf die Kerzenflamme treffen, werden sie schlagartig mit einem kleinen Aufflammen verbrennen.

26

Was ist passiert?

Rieche mal an Deinen Fingern. Riechen die jetzt nicht lecker?

Dieser tolle fruchtige Geruch kommt von den in der Schale enthaltenen ätherischen Ölen. Die verleihen insbesondere den Südfrüchten ihren leckeren Geruch und Geschmack. Wahrscheinlich hast Du beim Backen auch schon einmal geraspelte Zitronen- oder Orangenschale in den Teig getan und das hierbei gerochen? Vielleicht zu Weihnachten?

 Die ätherischen Öle sind, wie alle anderen Öle auch, brennbare Flüssigkeiten. Da Du sie direkt aus der Schale „genommen" hast, wurden sie fein „verspritzt", so dass sie sich durch eine Kerzenflamme entzünden ließen.

Welche Erkenntnis nimmst Du mit?

Es gibt viele brennbare Flüssigkeiten. Selbst an ungewöhnlichen Stellen kommt man mit ihnen in Berührung. Und neben der Temperatur der Flamme, hat auch die Art und Weise der Verteilung des Brennstoffes (hier: Spritzer der ätherischen Öle) Einfluss auf die Verbrennung. Letzteres kannst Du Dir schon einmal für spätere Versuche merken. Da schauen wir uns dieses Phänomen mit Dir gemeinsam noch einmal genauer an.

27

Versuch zur Brandklasse C – gasförmige Stoffe

Wo treffen wir brennbare Gase im Alltag?

Was wird gemacht?

Nimm Dein Stabfeuerzeug und drücke den Auslöser (Benutze es halt 😊).

Was wird passieren?

Am „Ausgang" des Feuerzeugs wird eine Flamme entstehen.

Je nachdem welche Art von Feuerzeug Du hast, kannst Du jetzt mit einem Rädchen oder Schieber die Größe der Flamme regulieren.

Was ist passiert?

Das Feuerzeug enthält einen brennbaren Stoff. Dieser tritt aus dem Inneren aus, und wird durch einen Funken entzündet, wenn Du den Auslöser betätigst.

Wie der Funken entsteht, schauen wir uns mit Dir gemeinsam in einem späteren Versuch noch einmal genauer an. Hier geht es jetzt um den brennbaren Stoff im Feuerzeug.

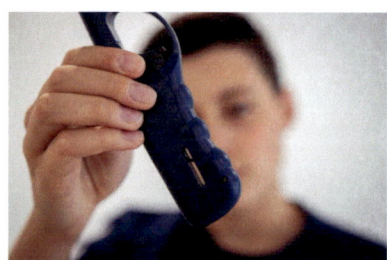

Wenn Du Dir das Gasfeuerzeug von der Seite anschaust, siehst Du bei nachfüllbaren Feuerzeugen eine durchsichtige Stelle. Hierdurch kann man in das Innere des Gastanks des Feuerzeuges schauen. Du siehst, ob und wenn wieviel Flüssiggas noch im Feuerzeug ist. Wenn Du das Feuerzeug leicht schüttelst, siehst Du deutlich die Flüssigkeit im Innern.

28

 Wir wollen hier doch eigentlich über Gas sprechen? Jetzt ist da aber eine Flüssigkeit?

Genau das ist es, was die Naturwissenschaften so spannend macht. Immer wieder Überraschungen!

 ACHTUNG – beim folgenden Versuch, wirst Du aufgefordert, die Flamme am Feuerzeug auszupusten. Achte darauf, dass sie auch tatsächlich aus ist, bevor Du das Feuerzeug dem Ohr näherst.

Wenn Du jetzt auf den Knopf am Feuerzeug drückst, öffnest Du das Ventil im Feuerzeug. Das kannst Du vielleicht sogar hören, wenn Du die Flamme vom Feuerzeug auspustest und dann ganz vorsichtig mit dem Feuerzeug an Dein Ohr gehst. Hörst Du das Gas ausströmen?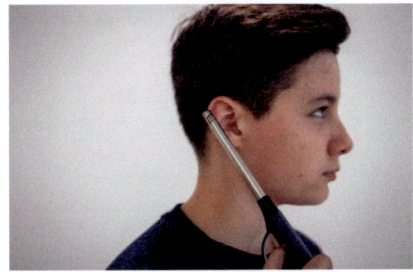

Bei dem Gas, um das es hier geht, handelt es sich um eine Gasmischung (Propan/Butan), die sich schon bei geringem Druck verflüssigen lässt. Das ist für uns als Menschen natürlich superpraktisch.

Warum? Weil sich eine Masse von 100g als Flüssigkeit leichter und platzsparender transportieren lässt als im gasförmigen Zustand. Oder wolltest Du mit einem riesigen Ballon durch die Gegend laufen, obwohl Dein Deo (wo ebenfalls dieses Gas drin ist) in so eine schöne kleine Dose passt?

29

Aber warum strömt das Gas aus?

Nun, dass sich das Gas verflüssigen lässt, ist das zwar praktisch für uns Menschen. Das Gas hat es aber viel lieber, wenn es sich ausdehnen kann und ausreichend Platz hat.

Deshalb möchte es freiwillig bei unseren Temperaturen von 20° C den Aggregatzustand ändern (kennst Du schon von der Kerze, oder?) und in den gasförmigen Zustand wechseln.

Deshalb strömt das Gas aus dem Feuerzeug, da Gas durch das Ventil austreten kann.

Wenn dann die drei Bestandteile Luft, brennbarer Stoff und Zündfunke (wir erinnern uns – der Auslöser am Feuerzeug) zusammentreffen, entzündet sich das Gas.

Welche Erkenntnis nimmst Du mit?

Gase sind Stoffe, die bei unseren Umgebungsbedingungen wie Temperatur von ca. 20° C und einem Druck von 1013 hPa (Hektopascal) in gasförmigen Zustand vorkommen.
Hektopascal, klingt cool, ist aber dasselbe wie Millibar…. Klingt auch nicht schlecht, oder?

1013 hPa ist unser normaler Luftdruck, in dem wir leben. Eine Erklärung zum Luftdruck findest Du unter „**(Luft-)Druck**" auf Seite 87.

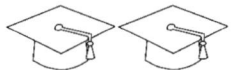

Dämpfe wie aus Brandklasse B entstehen aus Flüssigkeiten, sind dann aber auch gasförmig! Was für ein Spaß!

Sind diese Gase brennbar, kann man sie entzünden. Hierzu benötigt man weniger Energie, als zum Entzünden der Stoffe der anderen Brandklassen. Deshalb sind Mischungen aus brennbarem Gas mit Luft auch sehr gefährlich, da sie sehr leicht explodieren können.

Bei der Benutzung eines Feuerzeuges kann aber nichts passieren!

Eine einfache Möglichkeit des Transportes von Gasen ist die Verflüssigung. Beim Feuerzeug kann das durch die leichte Druckerhöhung im Feuerzeug erfolgen. In der Industrie gibt es noch andere Möglichkeiten. Die besprechen wir dann in einem späteren Buch einmal. Natürlich auch mit coolen Versuchen.

Versuche zur Brandklasse D – Metalle

Können Haushaltsgegenstände aus Metall brennen?

Beim folgenden Versuch kannst Du den entstehenden Brand nicht einfach durch Auspusten oder mit Wasser löschen. Stelle Dir zum Löschen für alle Fälle ein Glas mit trockenem Sand bereit.

Was wird gemacht?

Nimm ein Stückchen feine Stahlwolle aus dem Baumarkt, und lege es auf Deine feuerfeste Unterlage. Sicherheitshalber sollst Du unter die feuerfeste Unterlage ein Holzbrettchen legen, da die folgende Reaktion sehr heiß werden kann.

Anschließend versuche, die Stahlwolle mit einem Streichholz oder einem Feuerzeug zu entzünden.

Was soll schon passieren? Es ist doch Stahlwolle. Und Metall brennt doch nicht, oder?

Was wird passieren?

Wenn sich die Zündquelle (Streichholz oder Feuerzeug) der Stahlwolle nähert, wird die Stahlwolle anfangen zu glimmen.

32

Was ist passiert?

Ausgelöst durch die Hitze des Feuerzeugs wird die Stahlwolle beginnen, mit dem Sauerstoff der Luft zu reagieren. Das kennen wir prinzipiell auch schon von den anderen Versuchen.

Interessanterweise werden keine Flammen sichtbar, aber die Stahlwolle glimmt. Wenn Du leicht (!) in dieses Glimmen pustest, wird die „Glut" bzw. das Glimmen deutlich zunehmen.

Die Brandklasse „D" ist eine besondere Brandklasse. Brände dieser Art unterscheiden sich in ihrer Erscheinung deutlich von den Bränden der Brandklassen A, B und C.

Es gibt viele brennbare Stoffe. Die meisten verbrennen mit Flamme. Warum? Da es gasförmige Bestandteile aus dem brennbaren Stoff gibt, die sich entzünden und als Flamme sichtbar werden.

Brandklasse A: glutbildende Stoffe => Pyrolysegase sind gasförmig & brennbar

Brandklasse B: brennbare Flüssigkeit => Dämpfe sind gasförmig & brennbar

Brandklasse C: brennbare Gase => Gase sind gasförmig & brennbar

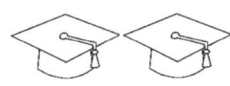

Man spricht bei Materialien der Brandklassen A bis C auch in der Regel von organischen Stoffen. Es handelt sich um Materialien, die in irgendeiner Art aus „lebendem" Material entstanden sind und sei es nur aus den Überresten von Pflanzen aus längst vergangenen Zeiten, z.B. Kohle oder Erdöl.

Metalle „brennen" ein wenig anders. In der Brandklasse D reagiert direkt der feste Stoff mit dem Sauerstoff. Bei dem Metallbrand – und nichts anderes sind Brände der Brandklasse D – haben wir die Darstellung einer klassischen Umsetzung eines Stoffes mit Sauerstoff. Diese Reaktion heißt Oxidation.

Bei der Oxidation wird Energie als Wärme frei, die wir als „Glimmen" sehen können. Bei allen anderen bisherigen Reaktionen handelte es sich am Ende um eine Oxidation eines Gases mit Luftsauerstoff. Nur ist hierbei immer eine Flamme sichtbar geworden.

Metalle können nicht mit Flammenerscheinung brennen, aber mit Luftsauerstoff unter Wärmefreisetzung oxidieren.

ACHTUNG!   Brände von Metallen sind die heißesten Brände, die wir kennen. Aus diesem Grund darf man sie nicht mit Wasser löschen, da sich dann Wasser in seine Bestandteile spaltet und es zu einer heftigen Reaktion zwischen dem frisch gebildeten Sauerstoff und Wasserstoff kommen kann. Hierzu wird es in einem Folgeband wahrscheinlich einen Demonstrationsversuch geben. Bleibe neugierig!

Brennen Metalle immer so langweilig?

Was wird gemacht?

Nimm eine Wunderkerze und halte die Spitze der Wunderkerze an Dein Feuerzeug oder ein Streichholz. Wenn Du noch ein brennendes Teelicht hast, kannst Du natürlich auch dieses benutzen.

Halte die Wunderkerze am ENDE des Drahtes FEST in der Hand.

Es wird gleich Funken geben! Nicht erschrecken! Die Wunderkerze nicht loslassen! Es kann Dir nichts passieren!

Im Gegensatz zu Streichhölzern kann man Wunderkerzen nicht auspusten.

Wenn Du die Wunderkerze nicht mehr festhalten möchtest, lege sie auf Deine feuerfeste Unterlage oder stecke sie in Dein Glas mit Sand.

Was wird passieren?

Im ersten Moment passiert nichts. Es dauert einige Zeit, bis die Energie unserer Zündquelle die Spitze der Wunderkerze ausreichend erwärmt hat. Aber dann geht es los:

Die Wunderkerze beginnt zu verbrennen und sprüht mit ihren Funken nur so um sich!

Es kann sein, dass ein Funken vielleicht auf Deine Hand fällt. Das ist nicht schlimm. Im schlimmsten Fall kitzelt es ein wenig. Wenn Du dieses Gefühl nicht magst, lege die Wunderkerze auf Deine feuerfeste Unterlage oder stecke sie in Dein Glas mit Sand.

Was ist passiert?

Bei der Wunderkerze handelt es sich um eine sehenswerte und schöne Darstellung eines Metallbrandes. Sie zeigt deutlich, dass Metallbrände sehr heiß werden können.

Aber die Stahlwolle hat doch nur vor sich hin geglimmt? Wieso sprühen hier plötzlich Funken?

Die Wunderkerze besteht aus einem (nicht brennbaren) Metalldraht (den Du in der Hand hältst), der mit einer Substanz ummantelt ist. Bei dieser Ummantelung handelt es sich um ein Gemisch unterschiedlicher Bestandteile. Es sind in erster Linie Metalle und ein Zusatzstoff.

Diese Bestandteile reagieren nach dem Start durch die Zündung mit unserer Zündquelle durch eine Oxidationsreaktion (Reaktion mit Luftsauerstoff). Das Wort „Oxidation" wird auf Seite 86 noch einmal genauer erklärt.

Du hast vorhin schon gelernt, dass Metalle ganz schön heiß werden können, wenn sie brennen. Bei dem Brand der Wunderkerze entstehen in sehr kurzer Zeit noch höhere Temperaturen als bei der Stahlwolle. Ausgelöst werden diese hohen Temperaturen durch den Zusatzstoff, auf den wir aber gar nicht näher eingehen wollen. Die Heftigkeit dieser Reaktion sorgt dafür, dass kleine glühende Metallteile weggeschleudert werden. Das sind unsere Funken.

Grundsätzlich passiert bei der Wunderkerze also dieselbe Reaktion wie bei der Stahlwolle. Nur viel schneller und deutlich intensiver.

Die Wunderkerze brennt mit einem gleißenden Licht und Sprühfunken. Wenn viele dieser Funken an einem Ort zusammenkommen, können diese genug Hitze erzeugen und als Zündquelle dienen. Das probieren wir mit Dir gemeinsam später noch aus.

Versuch zur Brandklasse F – Fettbrände

Weshalb soll man den Herd nie unbeaufsichtigt lassen?

Was wird gemacht?

Nimm ein Trinkglas und fülle es zur Hälfte mit Wasser.

Dann gib vorsichtig ein wenig Speiseöl dazu.

Um das Öl zu entzünden, müssten wir es erwärmen. Das machen wir dann in einem späteren Buch (und nicht zu Hause in der Küche!).

Was wird passieren?

Das Speiseöl ist leichter als das Wasser und wird auf diesem schwimmen.

Was ist passiert?

Aufgrund der unterschiedlichen Dichte der beiden nicht miteinander mischbaren Flüssigkeiten bilden sich diese Schichten aus. Sie werden in der Physik auch Phasen genannt.

 Und wieso ist das im Zusammenhang mit Bränden so wichtig?

Das gleiche geschieht natürlich auch, wenn sich das Speiseöl in einem Schadensfall entzündet hat. Das kann bei einer Fritteuse oder auch schon in einer Pfanne passieren, wenn man sie zu lange und zu heiß auf dem Herd stehen lässt.

36

Wenn Du jetzt glaubst diesen Brand durch Wasser löschen zu können, ist das ein gefährlicher Trugschluss! Da das Öl leichter ist als das Wasser (das haben wir uns ja gerade gemeinsam angesehen), wird das Wasser durch die heiße, eventuell brennende Speiseölschicht bis zum Boden der Fritteuse oder der Pfanne sinken. Da Speiseöl aber erst weit oberhalb von 100° C brennt, und Wasser schon bei 100° C verdampft, ist genau diese Situation sehr gefährlich.

Das nach unten sinkende Wasser wird daher schlagartig verdampfen. Dabei entstehen bei 100°C aus einem Liter Wasser bis zu 1700 Liter Wasserdampf. Die passen natürlich weder in die Fritteuse noch in die Pfanne. Deshalb schleudert der Wasserdampf das gesamte brennende Speiseöl aus dem Gefäß hinaus und es kommt zu einer sogenannten Fettexplosion.

Diese Fettexplosion ist aber kein Experiment für uns! Das muss von Fachleuten in Schutzkleidung im Freien durchgeführt werden.

Welche Erkenntnis nimmst Du mit?

Wenn sich Flüssigkeiten nicht miteinander mischen lassen, können sich unterschiedliche Schichten bilden. Wenn die Temperaturen hoch genug sind, kommt es zu einer spontanen Verdampfung des vermeintlichen Löschmittels und durch das Herausschleudern der brennbaren Flüssigkeit zu einer explosionsartigen Ausbreitung.

Früher wurden Speiseöle und Fette als Bestandteile der Brandklasse B betrachtet (rein auf die Verbrennung bezogen, passte diese Einstufung ja auch).

Da es aber immer wieder zu schweren Unfällen durch Fettexplosionen gekommen ist, wurde eine neue Brandklasse F ins Leben gerufen.

Warum?

Durch die Festlegung von Brandklassen auf der einen Seite, kann eine direkte Zuordnung von zum Beispiel Feuerlöschern auf der anderen Seite als Löschmittel eingeteilt werden.

Für die neue Brandklasse F wurden spezielle Feuerlöscher entwickelt, die insbesondere für Öl- und Fettbrände mit ihren hohen Verbrennungstemperaturen wirksam sind. Gleichzeitig verhindern sie die explosionsartige Ausbreitung.

Benötigt eine Verbrennung Sauerstoff, um zu funktionieren?

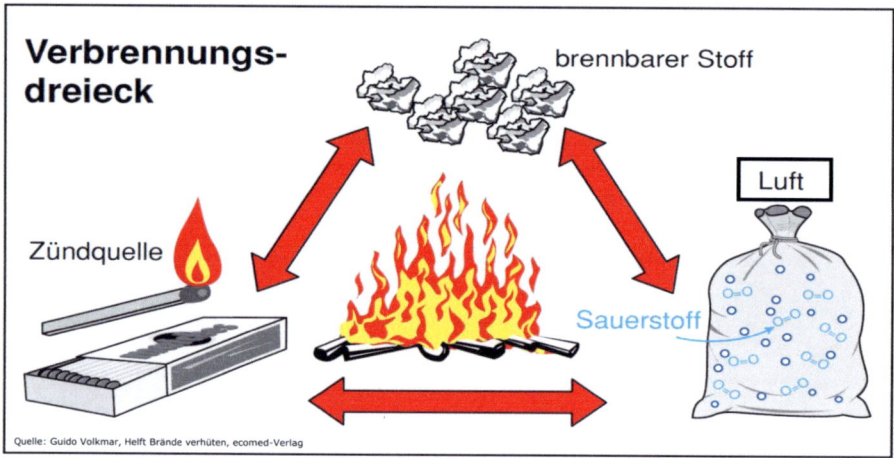

Quelle: Guido Volkmar, Helft Brände verhüten, ecomed-Verlag

Die brennbaren Stoffe aus dem Verbrennungsdreieck hast Du jetzt kennengelernt. Aber wir haben ja behauptet, dass es eine Verbrennung noch mehr Voraussetzungen hat. Die Behauptung, „Sauerstoff" sei ein wesentlicher Teil der Verbrennung, steht im Raum.

Um zu beweisen, dass das tatsächlich der Fall ist, haben wir einige kleine Experimente für Dich vorbereitet.

1.3	Benötigt eine Verbrennung Sauerstoff, um zu funktionieren? Versuchsreihe 2"		
	Für Kinder und Jugendliche unter Aufsicht von Erwachsenen	Mitmachversuch	Kann zu Hause durchgeführt werden.

Die Notwendigkeit von Sauerstoff für die Verbrennung wird demonstriert.

Nummer	Sicherheitshinweis
1	Siehe „Allgemeine Sicherheitshinweise im Umgang mit Feuer" Seite 11

Material
Ein Teelicht
Eine feuerfeste Unterlage, z.B. Backblech
Eine Packung Sicherheitszündhölzer / Stabfeuerzeug
Ein Abwurfbehälter (Leere Konservendose, Metallschüssel, Keramikschüssel o.Ä.)
Drei verschieden große Gläser
Optional: etwas Wasser
Optional: ein flacher Teller
Optional: ein Luftballon (wenn Ihr den Versuch gemeinsam macht, dann für jeden Teilnehmer einen Luftballon)

Versuche rund um das Thema „Sauerstoff"

Wie können wir die Notwendigkeit von Sauerstoff sichtbar machen?

Was wird gemacht?

Entzünde das Teelicht und warte einen Augenblick.

Jetzt stelle das kleinste Glas kopfüber auf das Teelicht.

Wiederhole den Versuch mit den restlichen beiden Gläsern – alternativ hole Dir andere Kinder oder die anwesenden Erwachsenen zu Hilfe und führe den Versuch mit diesen gleichzeitig durch.

Was wird passieren?

Die Kerze wird einige Zeit brennen und dann ausgehen. Je nach Größe des Glases wird die Zeit bis zum Erlöschen der Kerze unterschiedlich lang sein.

Was ist passiert?

Die Kerze brennt zunächst normal weiter. Bei genauem Hinsehen wird die Flamme nach und nach kleiner, bis die Kerze erlischt.

Die Kerze hat den Luftsauerstoff durch die Verbrennung verbraucht. Das Glas verhindert, dass weitere Luft nachströmt. Je größer das Glas ist, desto mehr Luftsauerstoff steht für die weitere Verbrennung zur Verfügung, und desto länger brennt die Kerze.

MERKE: Die Verbrennung benötigt Sauerstoff.

Dieser notwendige Sauerstoff befindet sich in der Umgebungsluft. Wir können ihn weder sehen noch riechen oder schmecken. Bei einer Verbrennung wird Sauerstoff aus der Luft verbraucht und unter anderem in Kohlenstoffdioxid umgewandelt.

40

Ist der Anteil des Luftsauerstoffs immer gleich?

Was wird gemacht?

Entzünde das Teelicht und mache anschließend 10 „Hampelmänner".

Nimm Dir danach einen Luftballon und puste ihn auf. Die Luft des Luftballons lässt Du jetzt in das Größte Deiner Gläser entweichen und stülpst dieses über das Teelicht.

Ihr könnt das Experiment auch mit mehreren Kindern gemeinsam machen. Dadurch wird der Effekt noch deutlicher.

Was wird passieren?

Die Flamme des Teelichts wird wieder kleiner werden und langsam erlöschen. Die Zeit, in der das Teelicht weiterbrennt wird hierbei kürzer sein, als beim vorherigen Versuch.

Was ist passiert?

Durch Deine Atmung hast Du einen Teil des Luftsauerstoffs bereits „vorverbraucht".

Der Sauerstoffanteil Deiner ausgeatmeten Luft im Luftballon ist etwas kleiner als der Sauerstoffanteil der Umgebungsluft.

Die 10 „Hampelmänner" vorweg haben dafür gesorgt, dass Dein Körper bei der Atmung ordentlich Sauerstoff umsetzt.

MERKE: Durch unsere Atmung verbrauchen wir Sauerstoff. Dieser steht in diesem Versuch dann nicht mehr für die Kerze zur Verbrennung zur Verfügung.

Wenn Du Sauerstoff verbrauchst und nicht für ausreichend frische Luft sorgst, steht auch Deinem Körper in einem Raum nicht genug Sauerstoff zur Verfügung. Das kann zum Beispiel dafür sorgen, dass Du in einem vollen Schulklassenzimmer schnell müde wirst.

Es ist daher wichtig, dass wir in unserer Umgebung immer für frische Luft sorgen.

Geschieht sonst noch etwas bei der Verbrennung?

Was wird gemacht?

Stelle das Teelicht auf einen flachen Teller und fülle in den Teller ein wenig Wasser.

Anschließend entzündest Du das Teelicht wieder und lässt es einen Augenblick brennen.

Nimm danach ein schmales Glas und stülpe es über das Teelicht.

Was wird passieren?

Nach dem Überstülpen des Glases wird das Wasser ein wenig blubbern.

Die Flamme des Teelichts wird wieder kleiner werden und langsam erlöschen. Nach dem Erlöschen des Teelichts wird Wasser in das Glas gezogen und das Teelicht steigt mit dem Wasser nach oben.

Was ist passiert?

Der Effekt hat nichts mit dem eigentlichen Hintergrund des Versuches – dem Sauerstoffverbrauch – zu tun. Vielmehr bewegst Du Dich hier in der faszinierenden Welt der Physik.

Beim Überstülpen des Glases über das Teelicht erwärmt sich die Luft im Glas und dehnt sich aus. Dies macht sich mit einem leichten Blubbern am Glasrand bemerkbar. Erlischt nun das Teelicht, erkaltet die Luft wieder und zieht sich zusammen. Da das Wasser den Glasrand luftdicht umschließt, kann keine Luft nachströmen. Es entsteht ein leichter Unterdruck. Der Luftdruck außerhalb des Glases drückt nun das Wasser in das Glas. Da die Kerze selbst leichter ist als Wasser, schwimmt sie nach oben.

MERKE: Durch Löschmaßnahmen löschen wir nicht nur das Feuer, sondern verändern auch andere Umstände innerhalb des Brandraums – unter anderem die Druckverhältnisse. Mit diesen Phänomenen setzen wir uns aber in einem späteren Band noch einmal detaillierter auseinander.

Was kann alles ein Feuer entzünden?

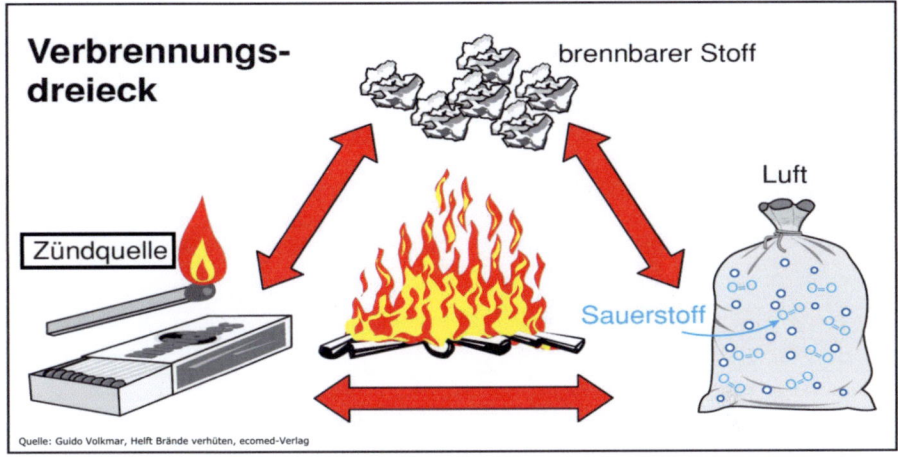

Verbrennungs-dreieck

brennbarer Stoff

Luft

Zündquelle

Sauerstoff

Quelle: Guido Volkmar, Helft Brände verhüten, ecomed-Verlag

Zwei von drei Seiten des Verbrennungsdreiecks hast Du jetzt mit Deinen Experimenten kennengelernt.

Fehlt noch eine: die Zündquelle.

Ohne diese kann der Verbrennungsvorgang erst gar nicht initiiert – also gestartet - werden.

Und wie so eine Zündquelle aussehen kann, das schauen wir uns in den nächsten Versuchen gemeinsam an.

Platz für Deine Notizen

1.4	Wie kann Wärme entstehen?		
	Kinder und Jugendliche	Mitmachversuch	Kann zu Hause durchgeführt werden.

Reibungswärme soll erfahrbar werden

Nummer	Sicherheitshinweis
1	Bei nicht gewaschenen Händen können kleine schwarze Ribbel entstehen, die Deinen Eltern verraten, dass die Hände nicht ordentlich gewaschen sind. Wasche sie entweder vorher, oder pass auf, dass niemand zusieht! ☺

Material
Für diesen Versuch benötigst Du nur Deine beiden Hände

Ein erstes Kennenlernen von Reibungswärme
Kann ich mit bloßen Händen Wärme erzeugen?

Was wird gemacht?

Reibe Deine Handflächen ganz fest aneinander.

Was wird passieren?

Wenn die Hände nicht richtig gewaschen waren, erscheinen die befürchteten schwarzen Ribbel.

In jedem Fall spürst Du aber an Deinen Händen, dass sie wärmer werden.

Was ist passiert?

Durch das schnelle Reiben unsere Hände aneinander, wird Energie in Form von Wärme erzeugt.

 Reibung ist die älteste Form der Wärmeerzeugung. Diese haben unsere Vorfahren genutzt, um Feuer zu entzünden. Durch das schnelle Reiben von Hartholz auf Weichholz lässt sich die notwendige Wärme erzeugen. Da das aber sehr anstrengend ist und viel Übung bedarf, probieren wir das nicht gemeinsam mit Dir aus. Du kannst uns das entweder glauben oder beim nächsten Besuch in einem Naturkundemuseum gut aufpassen.

Das Aneinanderreiben von Händen reicht aber noch nicht aus, um ein Feuer zu machen. Dafür stehen uns mittlerweile andere Werkzeuge und Materialien zur Verfügung.

Und die schauen wir uns in den nächsten Versuchen gemeinsam an.

46

1.5	Was kann alles als Zündquelle dienen? Eine Versuchsreihe		
	Kinder und Jugendliche unter Aufsicht von Erwachsenen	Mitmachversuch	Kann zu Hause durchgeführt werden.

Kennenlernen von Zündquellen verschiedener Art und ihrer Wirkungsweise

Nummer	Sicherheitshinweis
1	Siehe „Allgemeine Sicherheitshinweise im Umgang mit Feuer" Seite 11

Material
Eine feuerfeste Unterlage, z.B. Backblech
Ein Päckchen Streichhölzer
Ein Feuerzeug mit Reibstein
Ein Feuerzeug mit „elektrischer Zündung"
Eine Glaskugel
Etwas Papier
Eine 9V (oder 4,5V) Batterie
Feine Stahlwolle
Ein Abwurfbehälter (Leere Konservendose, Metallschüssel, Keramikschüssel o.Ä.)

Versuche zu verschiedenen Zündquellen

Wie kann eine chemische Reaktion Holz entzünden?

Was wird gemacht?

Entzünde das Streichholz und lasse es etwas brennen.

 Entzünde das Streichholz immer vom Körper weg!

 Schüttele das Streichholz nicht aus, sondern puste es vorsichtig aus!

Achte immer auf das Streichholz und lass Dich nicht ablenken.

Puste das Streichholz nach einiger Zeit einfach aus und lege es in Deinen Abwurfbehälter.

Was wird geschehen?

Das haben wir oben schon beschrieben: Wenn Du alles richtig gemacht hast, wird das Streichholz an der Spitze kurz hell aufleuchten und anschließend mit einer kleinen Flamme brennen.

48

Was ist geschehen?

Wenn Du zügig, aber nicht zu hastig das Streichholz über die Reibfläche der Streichholzschachtel von Dir wegstreichst, entsteht Reibungswärme an der Spitze des Streichholzes.

Die hierbei entstehende Wärme aktiviert in dem roten Material am Kopf des Streichholzes - dem Zündkopf - eine chemische Reaktion, bei der wiederum so viel Temperatur entsteht, dass sich das Holz entzündet und das Streichholz anfängt zu brennen.

Eine chemische Reaktion, bei der Wärme freigesetzt wird, nennt der Fachmann auch „exotherme Reaktion".

Streichhölzer sind heutzutage gar nicht mehr so einfach zu bekommen. Warum? Da wir heute meist andere Möglichkeiten zur Energiegewinnung und Energienutzung verwenden als das offene Feuer.

Dennoch ist es nicht nur interessant, sondern auch Grundwissen für junge Feuerwehrangehörige zu wissen, wie man mit Feuer umgeht und wie wir sicher (!) ein Streichholz entzünden.

Ist Strom brandgefährlich?

Was wird gemacht?

Nimm ein Stück feine Stahlwolle, lege es auf Deine feuerfeste Unterlage und halte die beiden Pole einer 9 Volt (oder 4,5 Volt) Batterie an die Stahlwolle.

Was wird passieren?

Die Stahlwolle beginnt, zu glühen. Durch leichtes Pusten kannst Du die Stärke des Glühens beeinflussen. Die Stahlwolle glüht selbstständig weiter, nachdem Du die Batterie von ihr entfernt hast.

Was ist passiert?

Stahlwolle leitet Strom. Da der Stahl zum einen Strom gut leitet, zum anderen aber die Stahlwolle nur aus sehr dünnen Fäden besteht, wollen viele „Stromteilchen" durch einen dünnen Draht. Der Draht beginnt zu glühen.

Durch das Glühen reagiert der Stahl mit dem Luftsauerstoff. Er rostet quasi sehr schnell. Durch diese schnelle Reaktion des Metalls mit der Luft entsteht wieder Wärme, die wiederum den Stahl nun von außen zum Glühen bringt. Die Reaktion setzt sich eigenständig fort. Durch das vorsichtige Zuführen von Luft durch leichtes Pusten lässt sie sich sogar noch beschleunigen.

Welche Erkenntnis nimmst Du mit?

Eine Batterie, die an sich ungefährlich wirkt, kann bei unvorsichtigem Umgang zu einer Zündquelle werden.

Je nach brennbarem Stoff kann ein kleiner Funke ausreichen, um eine Flamme zu entzünden.

Neben der mechanischen Reibung kann dieser Funke zum Beispiel auch durch elektrischen Strom entstehen. Elektrische Geräte können damit durch Fehlfunktionen schnell zu Zündquellen werden und sollten daher nie unbeaufsichtigt in der Nähe von brennbaren Materialien betrieben werden.

50

Wie kann man sich Strom als sichere Zündquelle zu Nutze machen?

Was wird gemacht?

Nimm Dir jetzt das Elektrofeuerzeug.

Puste kräftig von schräg oben in das Feuerzeug und betätige gleichzeitig den Auslöser.

Schau währenddessen in das Feuerzeug hinein. Pass aber auf, dass Du mit Deinem Kopf und Deinen Haaren nicht zu dicht an das Feuerzeug herankommst.

Noch sicherer wird dieser Teil des Versuchs natürlich, wenn Du ein leeres Feuerzeug verwendest.

Anschließend halte das Feuerzeug vom Kopf entfernt und betätige den Auslöser erneut. (Jetzt natürlich NICHT mit einem leeren Feuerzeug!).

Was wird passieren?

Im ersten Fall wird es keine Entzündung der Flamme geben. Du kannst aber gut den Funken erkennen, der sich innerhalb des Feuerzeugs bei Betätigung des Auslösers bildet.

Im zweiten Fall wird hoffentlich eine Flamme über dem Feuerzeug entstehen.

Was ist passiert?

In diesem Fall wird die Eigenschaft des elektrischen Stroms nutzbar gemacht, Funken erzeugen zu können.

Im Feuerzeug ist ein spezieller Kristall. Dieser erzeugt kurz einen starken elektrischen Strom, sobald man Druck auf ihn auslöst. Der dabei entstehende Funke reicht aus, um das ausströmende Gas zu entzünden.

Die Art der Kristalle, die in Feuerzeugen verbaut sind, nennen sich „Piezokristalle".

Wie unterscheiden sich die Feuerzeuge mit den Rädchen von den Feuerzeugen mit elektrischer Zündung?

Was wird gemacht?

Nimm ein Gas- oder Benzinfeuerzeug mit Reibrad und betätige es, entzünde also die Flamme.

Was wird passieren?

Der austretende Brennstoff (entweder Gas oder Dampf vom Benzin) wird entzündet werden.

Was ist passiert?

Das Material am Reibrad wird beim Drehen durch die entstehende Reibung stark erhitzt.

Durch die Drehung werden kleine Teile aus dem Rad herausgerissen. Diese Teile entzünden sich an der Luft und somit entstehen Funken. Diese Funken entzünden dann den brennbaren, aus dem Feuerzeug austretenden Stoff.

Welche Erkenntnis nimmst Du mit?

Gas- bzw. Dampf-Luft-Gemische, wie hier an der Austrittsstelle des Feuerzeuges, lassen sich leicht mit einem Funken zünden, wenn das Mischungsverhältnis von brennbarem Stoff, Luftsauerstoff und der erzeugten Energie das Verbrennungsdreieck vervollständigen.

Solange der Nachschub an brennbarem Stoff durch Öffnen der Ventilstellung aus dem Feuerzeug austritt, wird die Flamme des Feuerzeuges brennen.

52

Kann die Kraft der Sonne Brände auslösen?

Achtung: Dieser Versuch funktioniert nur im Freien bei ausreichend Sonnenschein.

Sollten die Wetterverhältnisse beim Versuch nicht passen, oder Ihr keine geeignete Glaskugel zur Hand haben, findet Ihr auch ein Video auf unserer Homepage.

Was wird gemacht?

Nimm eine Glaskugel und lege diese in die pralle Sonne. In den hellsten Punkt lege ein wenig zusammengeknülltes Papier.

Was wird passieren?

Es wird ein sehr heller Punkt entstehen.

Achtung: Diesen solltest Du nicht allzu lange beobachten, sondern ein wenig daran vorbeischauen.

Das Papier wird sich erst schwarz verfärben und anschließend in Flammen aufgehen.

Was ist passiert?

Durch die Form der Glaskugel wird das Sonnenlicht auf einen kleinen Punkt zusammengeführt. Auf dem Bild nebenan ist er deutlich an der kleinen hellen Stelle erkennbar.

Diesen Punkt nennt man auch „Brennpunkt".

An dieser Stelle wird es sehr hell und sehr heiß. Heiß genug, um Papier oder sogar ein Stück Holz zu entzünden.

Warum das Bild in der Glaskugel verkehrt herum erscheint, betrachten wir in einem der folgenden Bände.

Erkenntnis

Mittels eines richtig geformten Glases ist es möglich, Sonnenlicht so zu bündeln, dass man damit Feuer entzünden kann.

Häufig hört man, dass durch diesen Effekt mittels Glasscherben Waldbrände verursacht werden.

Die Glaskugel stellt eine perfekte Form dar. Mit dieser ist es einfach, eine Lichtbündelung mit hoher Energiedichte zu erzeugen.

Glasscherben in einer ähnlich perfekten Form entstehen zu lassen, ist nahezu unmöglich.

Es ist daher zwar nicht auszuschließen, dass Scherben Brände verursachen können - die Wahrscheinlichkeit ist aber sehr gering.

Nichtsdestotrotz: Scherben haben im Wald nichts verloren!

54

Ein kurzes Zwischenfazit

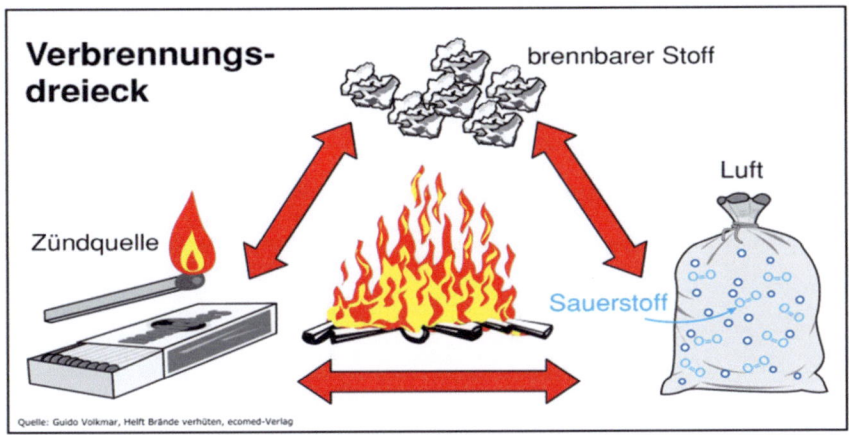

Verbrennungs-dreieck

brennbarer Stoff

Luft

Zündquelle

Sauerstoff

Quelle: Guido Volkmar, Helft Brände verhüten, ecomed-Verlag

Brennbarer Stoff, Sauerstoff und Zündquelle – die drei wesentlichen Elemente des Verbrennungsdreiecks hast Du jetzt kennengelernt.

Wie Du aber vielleicht bei dem ein oder anderen Versuch selbst schon feststellen konntest, gibt es noch eine Voraussetzung mehr, damit es zu einer Verbrennung kommt – alle Bestandteile müssen in einem sinnvollen Verhältnis zueinanderstehen.

Das ist das Gleiche, wie bei jedem Dreieck auch: Ist eine Seite viel zu lang oder viel zu kurz, sieht das ganze Dreieck doof aus.

Glaubst Du uns nicht? Dann müssen wohl wieder Experimente her.

Platz für Deine Notizen

1.6	Welchen Einfluss hat das Mengenverhältnis auf die Verbrennung? Eine Versuchsreihe		
	Kinder und Jugendliche unter Aufsicht von Erwachsenen	Mitmachversuch	Kann zu Hause durchgeführt werden.

Verstehen, wie sich unterschiedliche Größen und Formen von brennbaren Stoffen auf die Verbrennung auswirken

Nummer	Sicherheitshinweis
1	Siehe „Allgemeine Sicherheitshinweise im Umgang mit Feuer" Seite 11

Material
Eine feuerfeste Unterlage, z.B. Backblech
Ein dickes Stück Holz (ca. 10mm Kantenlänge)
Ein Holz mittlerer Stärke (ca 2-3mm Kantenlänge)
Ein Holzspieß
Eine Wunderkerze
Ein Stabfeuerzeug
Zwei Wattepads
Ein Abwurfbehälter (Leere Konservendose, Metallschüssel, Keramikschüssel o.Ä.)

Welchen Einfluss hat das Mengenverhältnis auf die Verbrennung?

Brennt Holz in verschiedenen Formen unterschiedlich gut?

Was wird gemacht?

Nimm das dickste Stück Holz, welches Du vorbereitet hast und halte die Feuerzeugflamme (am besten eines Stabfeuerzeuges) an die untere Spitze.

Alternativ entzünde ein Teelicht und halte Dein Stück Holz an dessen Flamme, wie auf dem nebenstehendem Bild zu sehen ist.

Und das ganze natürlich über Deiner feuerfesten Unterlage, falls etwas runterfallen sollte.

Zähle leise dabei bis 30. Höre auf, wenn das Holz anfängt zu brennen, oder Du die 30 erreicht hast.

Anschließend wiederhole den Versuch mit dem dünneren Stück Holz und dem Holzspieß.

Was wird passieren?

Das dicke Holz wird an der Ecke anfangen zu verkohlen, ein wenig glühen und – wenn überhaupt – nur ganz schlecht brennen. Nimmst Du das Holz von der Flamme weg, wird es vielleicht sogar wieder ausgehen.

Das dünnere Stück Holz wird ebenfalls langsam anfangen zu verkohlen. Allerdings wird es nicht allzu lange dauern und das Holz beginnt, zu brennen.

Wenn Du den Holzspieß an die Flamme hältst, wirst Du wahrscheinlich nicht einmal bis 10 zählen können, bevor der Spieß zu brennen anfängt.

Was ist passiert?

Das Holz muss zunächst durch die Flamme des Feuerzeuges erwärmt werden, damit es brennen kann. Durch die Wärme werden die Verbindungen, aus denen das Holz besteht, zersetzt, sie können Ausgasen. Dazu muss die Hitze und somit die Energie auch weit genug eindringen und dort wirken können. Dies haben wir ja bei der der Brandklasse A schon kennengelernt.

Wenn das Holzstück deutlich größer als die Flamme ist, bringt diese nicht genug Energie an den Brennstoff heran, um ausreichend brennbares Gas aus dem Holz heraus treten zu lassen. Je dünner das Holz ist, desto eher reicht die Energie der Flamme aus, um den Brand zu starten.

Wir können das mit dem Backen vergleichen. Dünnes Spritzgebäck und flache Plätzchen sind schneller ausgebacken als ein großer Kuchen oder ein Brotlaib.

Merkst Du etwas? Wir haben gerade bewiesen, dass das Verhältnis von Zündquelle zu brennbarem Stoff ein wesentlicher Faktor beim Start der Verbrennung ist.

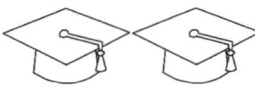

Du kannst dieses Verhältnis auf zwei Weisen beeinflussen:

1.) Du machst die Flamme größer, z.B. Du verwendest einen Brenner statt eines Feuerzeugs.

2.) Du verkleinerst die Teile des brennbaren Stoffs, das heißt, Du hackst oder schneidest den Holzklotz. Damit vergrößerst Du auch die Oberfläche, an der dann der Sauerstoff wirken und die Verbrennung fördern kann.

Welche Erkenntnis nimmst Du mit?

Dicke brennbare Materialien brauchen eine ganze Zeit bis sie anfangen zu brennen. Das ist der Grund, weshalb Bauteile aus Holz auch im Brandfall lange dem Feuer Widerstand bieten.

Als weitere Besonderheit kommt hinzu, dass Holz bei der Verbrennung Holzkohle bildet. Diese trennt ihrerseits den restlichen brennbaren Stoff von den Flammen und verhindert somit auch eine weitere Ausbreitung des Brandes.

Aus diesem Grund kann man auch Häuser aus Holz bauen.

Ist es egal, wie man den brennenden Stab hält?

Was wird gemacht?

Nimm Dein dünnes Stück Holz und entzünde es wieder. Anschließend halte den Stock waagerecht. Nachdem Du Dir die Flamme in diesem Zustand einen Augenblick angesehen hast, halte den Stab mit der Flamme nach unten. Achte dabei auf Deine Finger!

Zum Schluss halte die Flamme ganz nach oben.

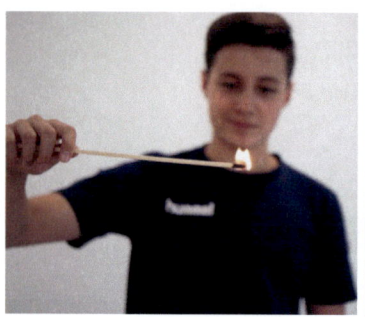 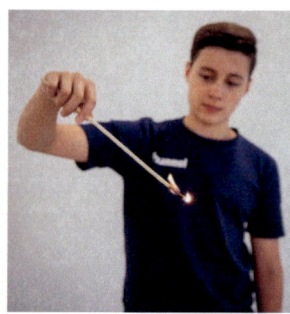 

Was wird passieren?

Die Flamme wird sich unterschiedlich verhalten. Waagerecht wird sie langsam vor sich hin brennen. Das ist also nicht sonderlich spannend.

Sobald Du die Flamme allerdings nach unten hältst, wird sie deutlich größer werden und sich in großen Schritten Deiner Hand nähern.

Wenn der Stab senkrecht nach oben gehalten wird, wird die Flamme kleiner werden und irgendwann erlöschen.

60

Was ist passiert?

Wärme breitet sich nach oben aus. Das ist eine alte physikalische Erkenntnis. Ebenso brennt Feuer immer von unten nach oben (oder auch manchmal ein wenig seitlich).

In dem Augenblick, in dem der Stab nach unten gehalten wird, findet die Flamme auf dem Weg nach oben viel brennbares Material (Deinen Holzstab) und kann somit schnell wachsen und sich zügig Deiner Hand nähern. Je mehr brennbares Material entzündet wird, desto mehr Energie entsteht auch wieder – die Flamme wächst.

Der senkrecht gehaltene Stab bietet dem Feuer nach oben hin keine Nahrung mehr. Da Wärme grundsätzlich nach oben steigt, steht zur Entzündung des tieferliegenden Brennstoffs keine ausreichende Energie mehr zur Verfügung. Das Feuer wird erlöschen.

Welche Erkenntnis nimmst Du mit?

Feuer, Wärme und damit natürlich auch der warme Rauch steigen nach oben.

Wenn es bei Dir zu Hause brennen sollte, ist der Bereich in der Nähe des Bodens hierdurch der sicherste Ort.

Bewege Dich daher im Falle eines Brandes immer am Boden zur nächsten Ausgangstür.

61

Beeinflusst die Form des brennbaren Stoffs nur die Zeit zum Entzünden des Feuers?

Was wird gemacht?

Lege ein Stück Watte auf Deine feuerfeste Unterlage und halte die Flamme Deines Stabfeuerzeugs oder eines Streichholzes daran.

Was wird passieren?

Die Watte wird an der Ecke rasant anfangen zu brennen.

Was ist passiert?

Mit der Watte haben wir die letzte „Materialstation" für diese Versuchsreihe erreicht. Mit unseren Versuchsmitteln können wir das Oberflächenverhältnis von brennbarem Stoff zu Luftsauerstoff nicht weiter optimieren.

Du siehst, dass die Watte unmittelbar nach dem Kontakt mit der offenen Flamme des Streichholzes anfängt, zu brennen. In der Watte selbst ist viel Luft eingearbeitet. Das macht die Watte so schön weich und flauschig. Der Luftsauerstoff kommt durch die Faserstruktur von allen Seiten gut an die Watte heran.

Das ist auch der Grund, warum sie nicht nur schneller anfängt zu brennen als das Holz, sondern auch viel schneller abbrennt.

62

Kann ein Funke auch etwas anderes als Gas entzünden?

Was wird gemacht?

Nimm jetzt ein Stück Watte, welches Du vorbereitet hast und lege es auf Deine feuerfeste Unterlage. Bastele vorher eine Art „Muschel" wie auf dem Foto daraus.

Für den Versuch der Zündung nimm jetzt eine Wunderkerze.

Zünde diese an der Spitze an und versuche jetzt, einige der wegsprühenden Funken auf die Watte fallen zu lassen. Dafür musst Du schon sehr nahe mit der Wunderkerze an die Watte heran. Achte darauf, dass nicht das heiße Metall die Watte berührt.

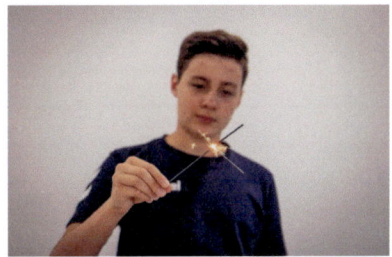

Was wird passieren?

Die Watte wird rasant anfangen zu brennen, wenn die Funken auf sie fallen,.

Was ist passiert?

Jetzt konnten wir tatsächlich zeigen, dass bei Deiner Watte die Entzündung auch durch einen Funken erreicht werden kann.

Das kennen wir schon von den Versuchen zu den Brandklassen B und C. Auch dort haben wir von den gut zu entzündenden, gasförmigen Stoffen gesprochen. In diesem Experiment konnten wir zeigen, dass sich bei einem optimalen Verhältnis der Oberfläche des brennbaren Stoffs zum Luftsauerstoff auch feste Stoffe leicht entzünden lassen. Sie brennen dann rasant ab.

Wenn das Verhältnis der Oberfläche des brennbaren Stoffs zum Luftsauerstoff optimal ist, reichen auch die Funken eines Feuersteins oder auch des Reibsteins unseres Feuerzeuges aus, um Feststoffe zu entzünden.

63

Ein kurzes Zwischenfazit

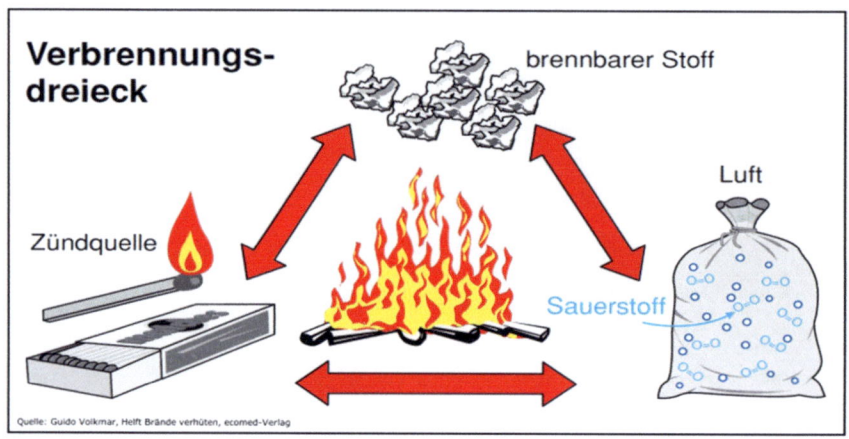

Verbrennungs-dreieck

Zündquelle

brennbarer Stoff

Luft

Sauerstoff

Quelle: Guido Volkmar, Helft Brände verhüten, ecomed-Verlag

Brennbarer Stoff, Sauerstoff, Zündquelle und das alles auch noch zur gleichen Zeit im richtigen Verhältnis zueinander. Wir haben jetzt mit Dir gemeinsam schon viele interessante Erkenntnisse rund um das Feuer gesammelt und das Verbrennungsdreieck in all seinen Einzelteilen kennengelernt.

Wenn wir uns gemeinsam die Zeichnung ansehen, sollte es das auch gewesen sein.

Aber pssst, wir verraten Dir ein kleines Geheimnis: Es gibt noch einen Mitspieler, den man nur ganz selten sieht.

Wir kennen aber einen Weg, wie wir dessen Existenz mit Dir zusammen beweisen können.

Auf zum nächsten Experiment…

1.7	Wenn ein Löffelchen voll Zucker... *...wie funktioniert ein Katalysator?*		
	Kinder und Jugendliche unter Aufsicht von Erwachsenen	Mitmachversuch	Kann zu Hause durchgeführt werden.

Nachweisen, dass das reine Verbrennungsdreieck nicht immer alles ist. Manchmal braucht es Unterstützung.

Nummer	Sicherheitshinweis
1	Siehe „Allgemeine Sicherheitshinweise im Umgang mit Feuer" Seite 11
2	Es kann sein, dass bei Erfolg des Experiments der Brand mit bloßem Auge nicht erkennbar ist. Der Würfelzucker sollte anschließend noch einmal mit ein wenig Wasser übergossen werden, bevor er angefasst wird.

Material
Eine feuerfeste Unterlage (Backblech o. Ä.)
Zwei Stücke Würfelzucker
Etwas Asche aus dem Grill oder dem Kamin

65

Unscheinbar und dennoch extrem wichtig – der Katalysator

Kann es sein, dass eine Verbrennung noch einen kleinen Anschubser benötigt?

Was wird gemacht?

 Nimm ein Stück Würfelzucker und lege es auf Deine feuerfeste Unterlage. Versuche, es mit einem Stabfeuerzeug zu entzünden. Da Zucker ein brennbarer Stoff ist, wird er ja bestimmt früher oder später anfangen, zu brennen.

Was wird passieren?

Der Zucker lässt sich nicht entzünden.

Was ist passiert?

Es stimmt, dass Zucker ein brennbarer Stoff ist. Das kennen wir von unserem Körper. Hier werden Zucker unterschiedlichster Art in unseren Zellen durch unsere Stoffwechselprozesse „verbrannt".

Mit einer normalen Flamme von Streichholz oder Stabfeuerzeug allein gelingt Dir die Verbrennung jedoch nicht.

Der Würfelzucker wird sich nicht entzünden lassen. Vielmehr wird es nach einiger Zeit lecker duften, da der Zucker aufgrund der Temperatur karamellisiert.

 Früher wurden auf diese Art in der Pfanne mit etwas Butter Bonbons selbst gemacht.

66

Wenn ein Löffelchen voll Zucker..... jetzt erst recht!!

Was wird gemacht?

Nimm wieder ein Stück Würfelzucker und lege es auf Deine feuerfeste Unterlage.

Wälze den Würfelzucker in Deiner Asche und versuche erneut, ihn mit einem Stabfeuerzeug zu entzünden.

Was wird passieren?

Der Zucker lässt sich auch mit einem Stabfeuerzeug entzünden.

Es kann sein, dass man das Feuer nicht sofort sieht.

Es macht sich aber mit einem Zischen deutlich bemerkbar.

Was ist passiert?

Manchmal braucht der brennbare Stoff einen kleinen Hinweis, dass er tatsächlich brennbar ist – also jemanden, der ihn anschubst und dazu bewegt, mit dem zur Verfügung stehenden Sauerstoff zu reagieren. Dieser kleine „Anschubser" nennt sich Katalysator. Das Besondere an dem Katalysator ist, dass er zwar die Verbrennung unterstützt, selbst aber weitgehend unverändert aus der Verbrennung wieder hervorgeht.

Die Asche als Katalysator hat bewirkt, dass sich der Zucker doch entschieden hat, als brennbarer Stoff zu tätig zu sein und sich entzünden zu lassen. Da der Zucker sich bei der Verbrennung stark deformiert und auch flüssig wird, nimmt er die Asche in sich auf, weshalb Du uns einfach glauben musst, dass die Asche selbst nicht wirklich mit verbrennt.

Ein Schlussfazit

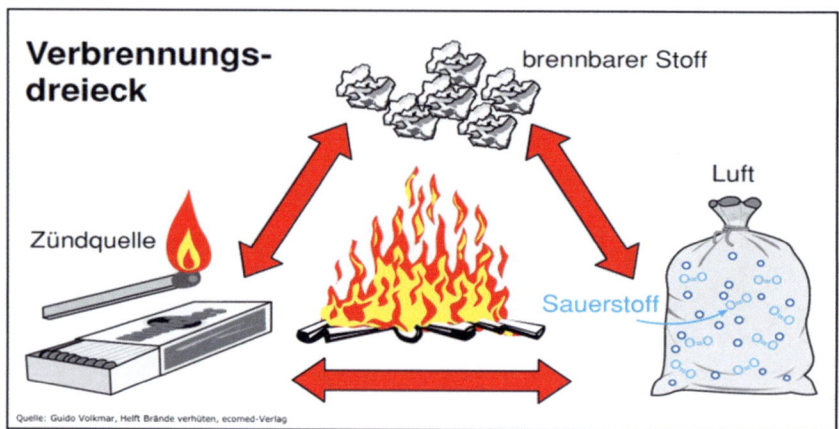

Verbrennungs-dreieck

brennbarer Stoff

Luft

Zündquelle

Sauerstoff

Quelle: Guido Volkmar, Helft Brände verhüten, ecomed-Verlag

Brennbarer Stoff, Sauerstoff, Zündquelle, richtiges Verhältnis und der Katalysator.

Puh – das waren jetzt ganz schön viele Informationen.

Aber: Du hast es geschafft und mit uns gemeinsam erfolgreich das Verbrennungsdreieck durchexperimentiert und kennengelernt.

Wenn Du jetzt noch Zeit und Lust hast, haben wir noch einige Experimente für Dich, mit denen Du Feuer noch ein wenig besser verstehen lernen kannst.

Vielleicht findest Du bei den Versuchen von selbst die Verbindung zu den anderen Versuchen, die Du mit uns durchgeführt hast.

Weitere Versuche, um Feuer noch ein wenig mehr kennen zu lernen

	Kann man ein trockenes Blatt Papier immer entzünden?		
I.8	Kinder und Jugendliche unter Aufsicht von Erwachsenen	Mitmachversuch	Kann zu Hause durchgeführt werden.

Verstehen, dass die Entzündbarkeit eines Materials stark von seiner Oberfläche abhängt.
Kann in dem Umfeld „Richtiges Verhältnis" mit einsortiert werden.

Nummer	Sicherheitshinweis
I	Siehe „Allgemeine Sicherheitshinweise im Umgang mit Feuer" Seite 11
2	Auf nicht brennbare Umgebung achten und einen großen Abwurfbehälter oder einen zu einem Viertel gefüllten Wassereimer bereitstellen. Idealerweise wird der Versuch mit einer Grillzange (Holzzange funktioniert) o.Ä. durchgeführt.

Material
Eine feuerfeste Unterlage (Backblech o. Ä.)
Ein Teelicht
Ein Stabfeuerzeug
Drei Blätter Papier (A6) bzw. ein Blatt Druckerpapier (A4) und teile das in vier Teile
Ein Eimer Wasser
Eine Grillzange
Ein Abwurfbehälter

Papier brennt... immer?

Was wird gemacht?

Entzünde ein Blatt Papier an der Ecke an einem Teelicht oder Stabfeuerzeug.

Lege es anschließend entweder auf einer feuerfesten Unterlage ab und warte bis es komplett verbrannt ist oder wirf es schnell in den Eimer mit Wasser.

Halte es auf keinen Fall länger in der Hand. Das Papier brennt sehr schnell ab und produziert eine große Flamme!

Halte das Papier im Zweifel mit Deiner Grillzange fest.

Falte anschließend ein noch unversehrtes Blatt Papier ganz kompakt zusammen, so dass ein kleiner, komprimierter „Kasten" daraus wird. Diesen hältst Du nun mit einer Zange dicht an die Flamme und beobachtest was geschieht.

Zähle leise bis 30. Beende den Versuch, wenn Du entweder die Zahl 30 erreicht hast oder das Papier brennt.

Zum Abschluss lege ein anderes Blatt Papier flach auf das Backblech und halte Deine Feuerzeugflamme in die Mitte des Papiers.

Zähle wieder leise bis 30. Beende den Versuch, wenn Du entweder die Zahl 30 erreicht hast oder das Papier brennt.

70

Was wird passieren?

Das lose Blatt am Anfang wird schnell anfangen zu brennen. Das Feuer wird sich in einer schnellen Geschwindigkeit ausbreiten und das Blatt Papier vollständig verbrennen.

Beim zweiten Versuch wird das Papier wahrscheinlich an der Kante schwarz werden und gar nicht brennen.

Im dritten Fall wird das Papier wahrscheinlich an der Berührungsstelle der Flamme schwarz werden und verkohlen. Wenn das Papier nicht flach auf dem Backblech aufliegt, wird es eventuell auch leicht anfangen zu brennen. Wenn das Feuerzeug dann entfernt wird, kommt es entweder zu einer sehr langsamen Verbrennung oder das Feuer geht sogar wieder aus.

Was ist passiert?

Im ersten Fall hat das Papier eine ausreichend große Oberfläche, um mit der Umgebungsluft selbstständig zu verbrennen.

Mit dem engen Zusammenfalten wird die für die Verbrennung verfügbare Oberfläche deutlich reduziert. Das Papier gast zwar aus (verfärbt sich), tut dies aber nicht ausreichend, um zu entflammen, geschweige denn, um selbstständig weiter zu brennen.

Der Versuch mit dem Backblech vereint zwei Phänomene. Zum einen zeigt sich hier wieder ein ungünstiges Verhältnis von Oberfläche zur Zündquelle.

Ein weiterer „Showstopper" für unser Feuer ist die wärmeleitende Eigenschaft des Backblechs. Es leitet die Wärme einfach weg, die das Stabfeuerzeug auf das Papier aufbringt (so ein Schlawiner!). Damit fehlt die Energie und somit die Zündquelle für das Feuer.

Welche Erkenntnis nimmst Du mit?

Auch bei diesem Versuch findest Du die Erkenntnisse rund um das Verbrennungsdreieck wieder:

Für die Verbrennung genügt uns nicht nur Sauerstoff, ein brennbarer Stoff und eine Zündquelle. Auch die frei zugängliche Oberfläche des brennbaren Stoffs spielt offensichtlich auch eine Rolle. Wie bereits beim Holz erwähnt, beeinflusst das Falten das Oberflächenverhältnis von brennbarem Stoff zu Luftsauerstoff.

Den Effekt der Wärmeableitung beim Backblech macht sich die Feuerwehr zum Beispiel bei der Verwendung von Wasser als Löschmittel zu Nutze.

Aber hiermit beschäftigen wir uns dann im nächsten Band, wenn das Thema „Löschen" in den Vordergrund rückt.

1.9	Brennt Feuer immer gleich schnell?		
	Kinder und Jugendliche unter Aufsicht von Erwachsenen	Mitmach und Demonstrationsversuch	Kann teilweise zu Hause durchgeführt werden.

Verstehen, dass die Dynamik von Feuer sehr unterschiedlich ausfallen kann.

Nummer	Sicherheitshinweis
1	Siehe „Allgemeine Sicherheitshinweise im Umgang mit Feuer" Seite 11

Material
Eine feuerfeste Unterlage (Backblech o. Ä.)
Ein großes Glas
Eine Kerze
Ein Stabfeuerzeug
Bärlappsporen in einer Müslischüssel
Ein Strohhalm
Einen Teelöffel

Was kann an Staub gefährlich sein?
Zauberstaub ganz ruhig und stetig

Was wird gemacht?

Fülle Deinen „Zauberstaub" (Bärlappsporen) in ein niedriges Gefäß oder verteile ihn ein wenig auf dem Backblech.

Versuche nun, ihn mit einem Stabfeuerzeug zu entzünden. Führe das Stabfeuerzeug langsam, aber stetig über die Pulveroberfläche.

Anschließend verweilst Du mit dem Feuerzeug an einer Stelle.

Was wird passieren?

Wenn Du die Zündquelle über die Oberfläche des Zauberstaubs bewegst, wird nichts passieren.

Wenn Du lange genug an einer Stelle des Zauberstaubes bleibst, kann es durchaus sein, dass der Staub dunkel wird. Bleibst Du jetzt noch etwas länger an einer Stelle kann sich der Staub sogar entzünden. Es entsteht eine kleine Flamme. Und Du kannst die Verbrennung des Staubes riechen.

ACHTUNG! Wenn die Flamme brennt, versuche auf keinen Fall, die Flamme auszupusten! Stelle einfach Dein großes Glas auf die Flamme und warte, bis sie erlischt.

Warum? Das kommt in den beiden folgenden Versuchen!

Was ist passiert?

Jede Zündquelle hat eine für sie typische Zündenergie. Die Energie eines Streichholzes ist zum Beispiel geringer als die eines Feuerzeuges.

Für die Zündung muss die notwendige Energie auf den brennbaren Stoff übertragen werden.

Hierfür braucht man eine entsprechende Übertragungszeit. Wenn Du Deine Energiequelle stetig über den brennbaren Stoff bewegst, reicht diese Energie für eine Zündung nicht aus.

Wenn Du die Energie lange genug an einer Stelle lässt, reicht die Energie eventuell aus, um unseren staubförmigen brennbaren Stoff zu entzünden.

Zauberstaub – wenn er langsam herunter rieselt...

Was wird gemacht?

Als erstes zündest Du ein Teelicht an und lässt es einige Zeit brennen.

Nimm nun etwas von dem Zauberstaub aus dem Gefäß. Hierfür kannst Du einen Teelöffel verwenden.

Halte jetzt den Löffel etwas über das Teelicht und lasse den Zauberstaub von oben in die Flamme rieseln. Damit nicht zu viel Staub in die Flamme gelangt, tippe leicht mit Deinem Zeigefinger gegen den Teelöffel. So fällt immer nur ein kleines bisschen Staub in die Flamme.

Was wird passieren?

Wenn Du zu viel Staub herabrieseln lässt, wird der Staub die Flamme löschen. Der Staub lässt den für die Verbrennung notwendigen Sauerstoff nicht an dem Wachsdampf herankommen. Dadurch wird die Verbrennung beendet, weil jetzt ein Teil des Verbrennungsdreiecks fehlt.

Erwischst Du zu wenig Staub, wird er sich rund um die Kerze verteilen und es wird gar nichts geschehen. Das liegt daran, dass die warme Luft am Teelicht nach oben steigt und die feinen Teile des Staubs einfach zu weit verteilt.

Dosierst Du die Menge richtig, wird es kleine Stichflammen und Feuerbälle geben.

Was ist passiert?

Was hat sich gegenüber dem letzten Versuch geändert? Vorhin haben wir die Flamme bewegt und der Staub war ruhig. Jetzt ist die Teelichtflamme ruhig und der Staub bewegt sich beim Herunterrieseln. Hierdurch verteilt sich der Staub in der Luft und durchmischt sich mit Luftsauerstoff. Der Staub als brennbarer Stoff hat nun eine wesentlich größere Oberfläche im Verhältnis zum benötigten Luftsauerstoff als beim vorherigen Versuch.

Hierdurch wird die Verbrennung ermöglicht. Außerdem erhöht sich gleichzeitig die Verbrennungsgeschwindigkeit. Es gibt keine kleine Flamme, sondern einen kleinen „Feuerball" als Stichflamme mit hoher Verbrennungsgeschwindigkeit.

74

Zauberstaub – die optimale Mischung

Der folgende Versuch ist als Mitmachversuch zu Hause ungeeignet. Er sollte von einem Erwachsenen als Demonstrationsversuch in einem geeigneten Vorführraum durchgeführt werden.

Was wird gemacht?

Als erstes zündest Du eine Kerze an und lässt sie einige Zeit brennen.

Nimm nun einen Strohhalm, stecke ihn ein Stück weit in den Staub, halte Deinen Finger oben drauf und ziehe den Strohhalm wieder aus dem Staub heraus. Dabei sollte etwas Staub in Deinem Strohhalm bleiben.

Führe den Strohhalm jetzt zum Mund und puste den Zauberstaub über die Kerze.

Was wird passieren?

Wenn Du alles richtig gemacht hast, wirst Du eine Stichflamme erzeugen, die ordentlich hell und warm ist, und dann auch schnell wieder verlischt.

Es kann aber auch passieren, dass Du durch Dein Pusten die Kerze auspustest und der Staub als Staubwolke Deinen Arbeitsplatz dreckig macht.

Wenn Du nicht vorsichtig pustest und richtig zielst, wird genau das passieren. Aber das wollen wir natürlich nicht.

Vielleicht musst Du es dann einfach nochmal versuchen.

Was ist passiert?

Durch das Pusten wird der Staub noch viel feiner verteilt als bei Herunterrieseln. Und somit wird der „Feuerball" als Stichflamme auch viel größer! Vielleicht kommt eine größere Stichflamme und das Teelicht geht aus. Auch das ist möglich.

Was hat sich gegenüber dem letzten Versuch geändert?

Durch das Pusten verwirbelst Du den Staub und erzeugst so eine optimale Durchmischung von brennbarem Stoff und Luftsauerstoff.

Wenn dieses Stoff-Luft-Gemisch nun mit einer Zündquelle (Kerze) in Verbindung gebracht wird, entsteht eine regelrechte Verpuffung mit großer Energiefreisetzung und sogar einem leichten Druckanstieg.

Dieser Druckanstieg bewirkt auch, dass eventuell Dein Teelicht ausgeht. Auch der hohe Sauerstoffverbrauch in unmittelbarer Nähe der Zündquelle kann die Flamme löschen.

Vielleicht hast Du diese Art, extreme Flammen zu löschen, vielleicht schon einmal in einer Dokumentation gesehen? Viele Brände von Erdölbränden werden so gelöscht.[2]

---

[2] Bei entzündeten Erdgas- bzw. Erdölquellen muss der Brand durch eine Sprengung, die dem Feuer kurzzeitig den Sauerstoff entzieht und den Nachschub aus dem Bohrloch unterbindet, erstickt werden und der "Blow-out", d. h. der weitere Ausstoß von nicht brennendem Öl und Gas, "gekillt" werden. Siehe hierzu auch Red Adair.

76

1.10	Kann man mit Feuer zaubern?		
	Kinder und Jugendliche unter Aufsicht von Erwachsenen	Mitmachversuch	Kann zu Hause durchgeführt werden.

Zeigen, dass Rauch brennt und Feuer „übertragen" kann

Nummer	Sicherheitshinweis
1	Siehe „Allgemeine Sicherheitshinweise im Umgang mit Feuer" Seite 11

Material
Eine feuerfeste Unterlage (Backblech o. Ä.)
Eine möglichst stark rauchende Kerze
Ein Stabfeuerzeug

Die springende Flamme

HOKUSPOKUS: Kann man mit Feuer zaubern?

Was wird gemacht?

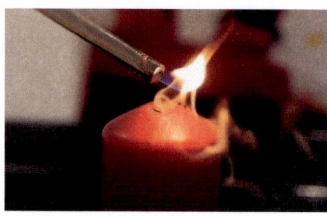 

Nimm eine Kerze, die größer ist als ein Teelicht, und zünde sie an.

Wenn die Kerze brennt, warte ein wenig, bis die Flamme ruhig und konstant brennt.

Jetzt pustest Du die Kerze aus, und näherst ein schon entzündetes Stabfeuerzeug an den Docht, ohne ihn zu berühren!

Was wird passieren?

Man könnte meinen: HokusPokus!

Mit ein wenig Geschick ist die Flamme vom Stabfeuerzeug auf die Kerze „gesprungen", ohne dass sie direkten Kontakt mit dem Docht der Kerze hatte.

Du hast die Kerze quasi ferngezündet!

 Ein kleiner Tipp: wenn es Dir vielleicht beim ersten Mal nicht direkt gelungen ist, denke daran, dass es einfacher ist das Stabfeuerzeug zuerst zu entzünden, bevor Du die Kerze auspustest. Dann hast Du mehr Zeit für die Annäherung und den „Sprung". Und wenn Du aus Versehen das Feuerzeug auspustest, ist es nicht schlimm. Mach es einfach wieder an!

Was ist passiert?

Wie Du schon weißt, sind Kerzen im Zusammenhang mit Feuer immer für eine Überraschung gut.

Erinnerst Du Dich noch an unseren allerersten Versuch? Sicher dachtest Du auch: „Hurra! Ich mache ein Teelicht an! Spannender geht es nicht." GÄHN!

Wir hoffen, dass Du jetzt anderer Ansicht bist. Kerzen sind tolle Dinger.

So auch in diesem Versuch. Zunächst muss ausreichend Wachs flüssig werden, um in den Docht aufzusteigen und entzündet zu werden. Jawohl! Wissen wir.

Was hier letztendlich brennt, weißt Du auch schon: Richtig! Das Wachs! Das flüssige Wachs wird gasförmig (durch die Temperatur der Flamme) und kann abbrennen.

Und jetzt unser neuer Versuch hier: Wenn Du die Kerze auspustest, siehst Du weißen Dampf aufsteigen. Was ist das? Wieder richtig! Das gasförmige Wachs.

Und was ist gasförmiges Wachs, wie Du jetzt weißt? Auch wieder richtig: brennbarer Stoff!

Wenn Du also mit dem Stabfeuerzeug den brennbaren gasförmigen Stoff (hier das Wachs) entzündest, brennt die „Zündschnur" aus brennbarem Wachsdampf bis zum Docht zurück und entzündet ihn.

Als Effekt meint man (weil die Rückzündung so schnell abläuft), dass die Flamme vom Feuerzeug auf den Docht der Kerze „springt".

Und mit viel Geschick (und der richtigen Kerze) kannst Du so schon 1-2 cm Strecke überbrücken. Verblüffend, oder?

Für Dich ist das jetzt Wissenschaft – für viele anderen pure Zauberei!

Denke dran: wie bei jedem anderen Zaubertrick lebt der „Trick" davon ihn nicht weiter zu erzählen! Wir haben hier für Dich einmal eine Ausnahme gemacht! PSSST!

Welche Erkenntnis nimmst Du mit?

Das, was Du hier mit der springenden Kerze als Versuch durchgeführt hast, ist eine sehr wertvolle Erkenntnis für ein gesamtes Feuerwehrleben.

Brennbare Gase und Dämpfe sind brennbar, wenn alle Bedingungen des Verbrennungsdreiecks erfüllt sind.

Insbesondere noch nicht gezündete Gase und Dämpfe sind für Feuerwehrleute im späteren Einsatz gefährlich. Sie können jederzeit, genau wie in diesem Versuch, von anderer Stelle gezündet werden.

79

	Ist es innerhalb der Flamme unterschiedlich heiß?		
1.11	Kinder und Jugendliche unter Aufsicht von Erwachsenen	Mitmachversuch	Kann zu Hause durchgeführt werden.

Kennenlernen der Temperaturzonen einer Kerzenflamme

Nummer	Sicherheitshinweis
1	Siehe „Allgemeine Sicherheitshinweise im Umgang mit Feuer" Seite 11

Material
Eine feuerfeste Unterlage (Backblech o. Ä.)
Ein Streichholz oder Stabfeuerzeug
Eine mittelgroße Kerze
Ein Holzspieß

Kerzenmikado

Ist es innerhalb der Flamme unterschiedlich heiß?

Was wird gemacht?

Entzünde eine mittelgroße Kerze. Dann nimm einen Holzspieß und halte ihn in den unteren Bereich der Flamme direkt über dem Docht. Drehe ihn leicht in den Fingern und zähle langsam bis drei.

Halte anschließend den Spieß mit einer anderen Stelle genau in die Mitte der Flamme, drehe ihn wieder in den Fingern und zähle langsam bis drei.

Danach wiederholst Du das Ganze mit einer dritten Stelle am obersten Teil der Flamme.

Sollte sich der Spieß entzünden, wiederhole den Versuch mit einem neuen Spieß und zähle etwas schneller 😊.

Was wird passieren?

Der Spieß wird sich an den jeweiligen Stellen in unterschiedlichen Formen schwarz verfärben.

81

Was ist passiert?

Die Hitze des Feuers sorgt wieder dafür, dass sich Dein Stück Holz verfärbt. An den verschiedenen Stellen der Flamme brennt diese aber unterschiedlich heiß. So wird das Holz an einigen Stellen verfärbt, an anderen aber wiederum nicht.

Im unteren Bereich gast der Docht aus. Hier entsteht unser brennbares Gas. Im untersten Bereich der Kerze haben wir in der Mitte viel brennbares Gas, das aber nicht an den Sauerstoff herankommt, um zu reagieren. Am äußeren Bereich haben brennbares Gas und Sauerstoff ausreichend Berührung. Die Flamme brennt daher nur ganz außen. In der Mitte herrschen vergleichsweise niedrige Temperaturen.

In der Mitte der Kerze ändert sich das Verhältnis. Das brennbare Gas kann viel besser mit dem Sauerstoff reagieren

An der Spitze der Flamme ist das Verhältnis von brennbarem Gas und Sauerstoff ideal. Hier reagieren die beiden am heftigsten Miteinander. Es entsteht eine durchgängig hohe Temperatur.

Welche Erkenntnis nimmst Du mit?

Eine Flamme lässt sich in mehrere Zonen unterteilen. Auch hier sehen wir wieder gut den Einfluss des Verhältnisses von brennbarem Stoff zu Sauerstoff.

Heiße Zone

Warme Zone

Kalte Zone

1.12	Wie geht's im nächsten Buch weiter?		
	Kinder und Jugendliche unter Aufsicht von Erwachsenen	Mitmachversuch	Kann zu Hause durchgeführt werden.

Spannender Abschlussversuch, der auf das Thema „Löschen" neugierig machen soll

Nummer	Sicherheitshinweis
1	Siehe „Allgemeine Sicherheitshinweise im Umgang mit Feuer" Seite 11

Material
Eine Keramik- oder Glasschüssel
Ein Streichholz oder Stabfeuerzeug
Ein Teelicht
Drei Päckchen Backpulver
Haushaltsessig

Ein spannender Abschlussversuch

Und wie geht's im nächsten Buch weiter?

Du hast jetzt mit uns gemeinsam gelernt, wie man Feuer sicher entzündet und wie man dafür sorgt, dass es auch gefahrlos weiter brennt. Da liegt es nahe, dass wir uns mit Dir gemeinsam im nächsten Buch einmal um das Thema „Löschen" kümmern. Und was da alles Spannendes auf Dich zukommt, zeigen wir schon einmal mit dem folgenden Versuch.

Ein einfacher Feuerlöscher

Was wird gemacht?

Stelle ein Teelicht in Deine Schüssel. Gib dann den Inhalt von 2-3 Päckchen Backpulver hinzu und verteile das Pulver rund um das Teelicht.

Zünde anschließend das Teelicht an und lasse es einige Zeit brennen.

Dann gib vorsichtig den Haushaltsessig dazu und sei gespannt, was geschieht. Gieße den Essig NEBEN die Kerze, nicht auf oder in die Kerze.

Was wird passieren?

Sobald der Essig mit dem Backpulver in Berührung kommt, reagieren beide miteinander, und es entstehen kleine Gasbläschen.

Irgendwann wird die Flamme erlöschen.

Wenn Du anschließend versuchst, das Teelicht wieder mit Deinem Stabfeuerzeug zu entzünden, wird die Flamme des Feuerzeugs erlöschen, bevor es das Teelicht erreicht. Offensichtlich haben wir mit dem Backpulver und dem Essig Dein Feuerzeug kaputt gemacht 😊

Was ist passiert?

Nein, natürlich ist Dein Feuerzeug nicht kaputt.

Der Haushaltsessig reagiert mit dem Backpulver. Bei dieser chemischen Reaktion wird ein Gas freigesetzt wird. Das können wir auch sehr gut erkennen, da es heftig sprudelt. Das Gas, das entsteht, verdrängt den in der Schüssel befindlichen Luftsauerstoff und lässt das Teelicht verlöschen.

Das durch die chemische Reaktion entstandene Gas ist Kohlenstoffdioxid. Dieses ist schwerer als Luft. Es bleibt daher unten in der Schüssel, wo es entstanden ist. Dabei verdrängt es die Raumluft, die Sauerstoff enthält. Die genaue Höhe der Kohlenstoffdioxidschicht können wir mit dem Stabfeuerzeug gut demonstrieren. Das entzündete Stabfeuerzeug geht genau in der Höhe in der Schüssel aus, wo sich die Grenze der normalen Umgebungsluft zum entstandenen Kohlenstoffdioxid befindet.

Welche Erkenntnis nimmst Du mit?

Der für die Verbrennung notwendige Sauerstoff kann durch ein anderes Gas verdrängt werden. Hierdurch ist das Verbrennungsdreieck nicht mehr vollständig und die Verbrennung ist unterbrochen. Selbst der Versuch, die Kerze erneut mit einem Stabfeuerzeug zu entzünden wird nicht gelingen.

Wie ist das Gas Kohlenstoffdioxid entstanden?

Durch eine chemische Reaktion. Hiervon gibt es einige, die uns überraschende Erkenntnisse liefern. Und auch hier werden wir zukünftig weitere Experimente durchführen können.

85

Begriffserklärungen

Oxidation

Als Oxidation im ursprünglichen Sinn bezeichnete man früher die chemische Reaktion eines Stoffes mit Sauerstoff. Diese Erklärung reicht im Sinne des Verbrennungsdreiecks aus. Genau genommen reagiert der Stoff, der oxidiert wird, mit einem Stoff, der im Gegenzug reduziert wird. Dabei gibt der erste Stoff Elektronen ab, die der zweite dafür aufnimmt. Das Weitere lernt ihr dann im Chemieunterricht.

Aggregatzustand

Ihr kennt Wasser in drei Formen: gefroren als Eis, flüssig (eben Wasser) und als Wasserdampf. Es ist immer das gleiche Wasser, es ist aber mal fest, flüssig oder gasförmig. Diese drei verschiedenen Formen nennen wir Aggregatzustand – fest, flüssig oder gasförmig.

Die Übergänge zwischen den Aggregatzuständen haben genaue Namen, weil wir Naturwissenschaftler sowas genau benennen wollen:

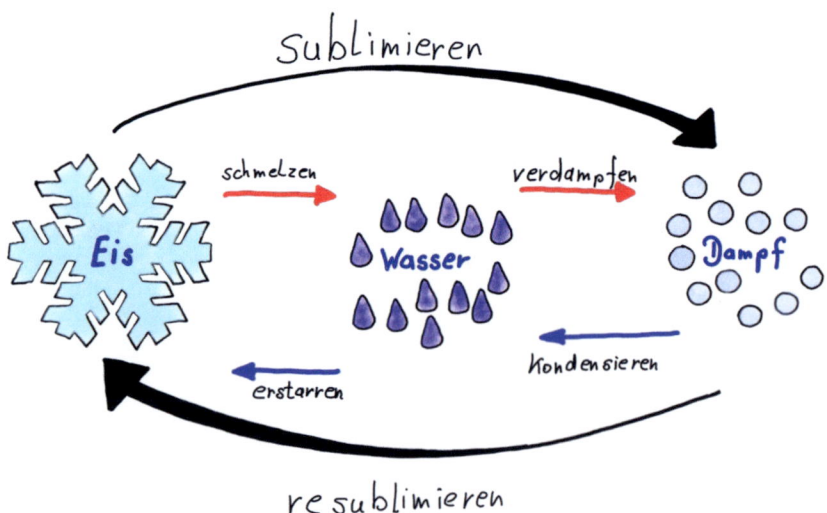

Pyrolyse

Die Pyrolyse (von griechisch: pyr = Feuer, lysis = Auflösung) bezeichnet die Zersetzung von chemischen Verbindungen bei Hitze. Aus solchen chemischen Verbindungen besteht unsere ganze Umwelt, sei es Naturprodukte (wie z.B. Holz) oder Kunststoffe (Plastik). Auch wir Menschen bestehen aus chemischen Verbindungen.

Manche Verbindungen sind sehr gut hitzebeständig, sonst würden wir ja in der Sauna schmelzen. Je nach Eigenschaft einer Verbindung fängt diese dann an, sich bei (sehr) hohen Temperaturen zu zersetzen. Sie zerbrechen in kleinere und immer kleinere Teile und Teilchen.

Struktureller Aufbau von Kohlenwasserstoffen

Unsere Umwelt und auch wir selbst bestehen auch chemischen Verbindungen. Das Grundgerüst bilden Ketten und Ringe von Kohlenstoffatomen, ergänzt von Wasserstoffatomen, daher der Begriff Kohlenwasserstoffe. Das können nun kurze Ketten sein, längere Ketten oder ganz lange Ketten, Netze oder Ringe. Und diese Struktur hat dann Einfluss auf die Eigenschaften eines Stoffes. Kurze Ketten sind ganz beweglich, die Stoffe sind dann z.B. gasförmig, wie unser Erdgas. Längere Ketten sind immer noch ganz gut beweglich, wie z.B. Benzin oder Alkohol. Ganz lange Ketten sind dann wachsförmig und Fest, wie z.B. Kerzenwachs.

(Luft-)Druck

Wir sind umgeben von Luft, wir atmen sie ein und wieder aus. Luft besteht aus kleinen Teilchen, und Luft wiegt sogar. Die Luft in einem Kubikmeter (das ist ein Würfel mit 1 Meter Kantenlänge) wiegt etwa 1,3 Kilo. Dieses Gewicht drückt auf alle Flächen, wir merken es auf unserer Haut aber gar nicht. Trotzdem ist dieser Druck da, aus dem Wetterbericht kennt ihr bestimmt Hoch- und Tiefdruck.

Vorschau auf das nächste Buch

Wie im Abschlussversuch angekündigt, werden wir uns im nächsten Versuch etwas mehr mit den verschiedenen Löschmethoden und Löschmitteln auseinandersetzen.

Guido hat da schon einmal etwas für Euch in seiner Kellerküche angerührt.

Seid gespannt!

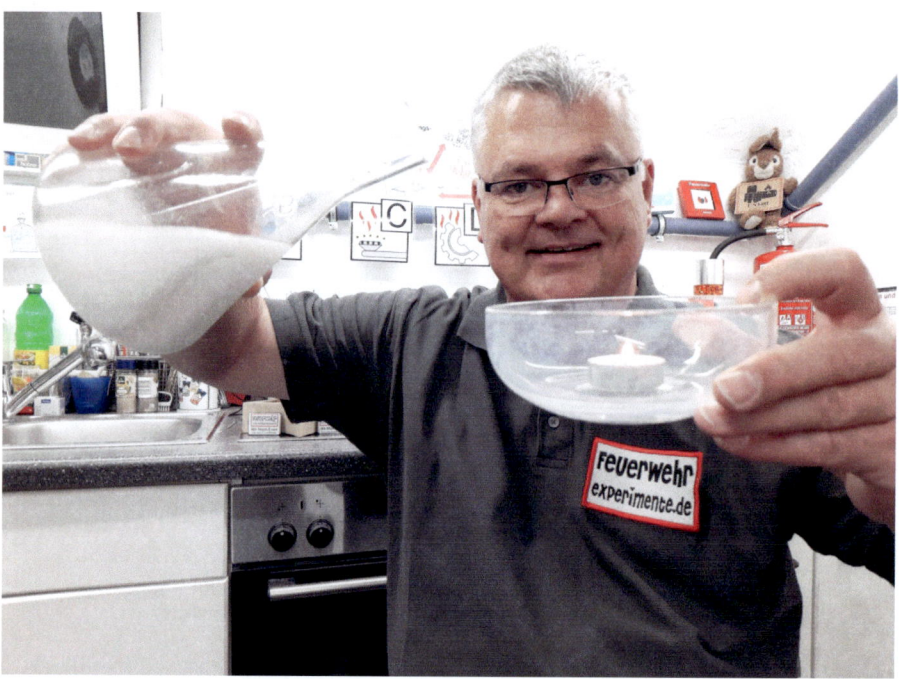